昭和怪奇画報

ぼくらの知らない世界
1960s－70s

初見健一

Illustrations of the Strange, Mysterious, and Bizarre for Kids of the Showa Era
— Our Unknown Worlds of the 1960s-70s

青幻舎
SEIGENSHA

前口上　地獄、極楽、覗きカラクリ……

サァサァ、お立ち会い！　坊チャン、嬢チャン、お爺チャン、お婆チャンに、そこ行く紳士淑女《しんししゅくじょ》の皆々様、御用とお急ぎのない方は、寄ってらっしゃい、見てらっしゃい。

これから御覧に入れますは、世にも恐ろしき阿鼻叫喚《あびきょうかん》の地獄絵巻、世にもあさましき異形のバケモノ、世にもむごたらしき浮世の修羅場、屈強な殿方も思わず目を背ける血みどろの惨事惨劇、人智を超えた摩訶不思議な夢物語の数々。

幽霊、物の怪、妖怪変化の百鬼夜行、人か獣か、はたまた古代の幻獣か、遥か南洋、人跡未踏の辺境魔境に棲まう奇っ怪な魑魅魍魎《ちみもうりょう》から、我が国ニッポンのそこかしこ、お集まりの皆々様の、ほら、その背中の影にも人知れず潜《ひそ》む奇々怪々なアレやコレやまで、残酷、野蛮、恐怖に怪奇、不可思議、悪趣味、エロ、グロ、ハレンチ、ナンセンスの大饗宴。善良な市民を自認なさるＰＴＡの良識派ママさんなら、一目見たとたんにひと泡吹いてぶっ倒れること必至の絵図ばかり、ズラリと揃えました世にも稀なる展覧会にございます。

時は今を去ること四〇余年、我が国ニッポンの列島全土が一糸乱れぬ勢いで、一億火の玉とばかりに西洋の列強に追いつけ追い越せと猪突猛進いたしましたる高度経済成長がドカンと壁にブチ当たり、オカッパ頭に暗い瞳の小粋な姐さん、ニコリともせずに「夢は夜ひらく」なんぞと吐き捨てるように歌いだし、少年院あがりのボクサーはリングの上で真っ白けな灰と帰しまして、悪魔憑きのあんちゃんのガールフレンド、哀れな美樹ちゃんの首が容赦もなくザクリと切り落とされてしまった頃のお話。民衆のうちに現れいでましたるは、浮世離れも甚だしき面妖極まる怪奇趣味、猟奇趣味、幻想趣味。一億総猟奇の徒と成り果てての狂喜乱舞。すなわちこれ、隠秘学《いんぴがく》愛好熱。「オカルトブーム」と申します。

ありゃりゃん、こりゃりゃん、オツムのネジが、こりゃまたバッチリゆるんじまったかどうかはさておきまして、世は空前の馬鹿騒ぎ。大人も子どもも熱に浮かされ、やれニッポン列島がポッキリ折れて海に沈んじまうだの、やれ四〇〇年も昔の仏蘭西《ふらんす》の詩人の予言とやらが的中して人類みな兄弟そろって一九九九年におっ死んじまうだの、流言放言出鱈目《でたらめ》の言いたい放題。ネッシー、ツチノコ、雪男。首塚、コックリ、小仏峠。猫も杓子も夢見がち。ピンクなレディーが太モモ露わに「ＵＦＯ！」と踊り狂えば坊チャン嬢チャン拍手喝采。はるばる海越え出稼ぎにまいりましたゲラーの旦那がニッポン中の匙を曲げ散らかせば、ヤンヤヤンヤ、ヤンヤン歌うスタジオとばかりに囃《はや》し立てるテイタラク。あゝ、世も末。嘆かわしや、昭和元禄……。

今は昔、そんな時代もあったネと、ここに集めましたるは、ことほどさようにニッポン全国北から南、津々浦々まで、まさしく猟奇の果てと化しておりましたその日々に、年端もいかぬ坊チャン、嬢チャン、良家の御令息御令嬢から鼻水垂らした貧乏人の餓鬼どもまでが、こぞって読み漁った児童雑誌や漫画雑誌などなどの巻頭を、ド派手に飾りましたる奇々怪々の怪奇画の数々にございます。

オット！　ほらほら、そんなふうに目クジラ立てて怒っちゃあいけません。

「こんな有害なモノを子どもに見せるなんて言語道断ザマス！」なんてぇ野暮なことは言いっこなしにしときましょう。たかが見世物、お目汚し。話のタネだよ、物は試しで御覧じろ。サァ、どだい、規律、秩序、正義、モラル、礼節、健全、美徳に道徳……そんなしゃっちょこばった文句ばかりが天下の往来をはびこるようなったら、もういけねぇ。どいつもこいつも良識をふりかざす時代ほど、恐ろしい世の中はありゃしませんや。

現実世界が本物の血糊で染まる本当の恐怖時代ってぇやつは、町民どもの空想妄想好奇心を封じ込め、自由気ままな想像力を奪っちまおうと虎視眈々と狙ってるゲスな似非良識派がもたらすものとは、これ歴史の必定。イヤイヤ、嘘だと仰るなら二〇世紀の歴史を綴ったそこらの書物をちょいと紐解いてみれば一目瞭然。栄光と名誉と義勇と規律をことさら重んじた伊太利亜《いたりあ》の黒シャツ連中を御覧なさい。エログロハレンチナンセンス、これすべて退廃芸術と焼き捨てた独逸《どいつ》の鉤十字《かぎじゅうじ》の連中を御覧なさい。社会風教上の悪影響とやらを理由にアレやコレやのお愉しみが軒並み禁止されちまった帝国時代のニッポンを……アハハ！　こりゃまた失礼。全部冗談。御免なすって。

とにもかくにも、地獄、極楽、覗きカラクリ……。

すべては一夜の幻、うたかたの夢。それが見世物小屋の真実にございます。それが浮世の、つまるところはアナタとワタクシの、吹けば飛ぶよな人生の真実にございます。

金返せ！の文句はご勘弁願うといたしまして、お代は見てのお帰り……ってェわけにはまいりませんが、ほら、そこの、怪訝《けげん》な顔して本屋の店先で立ち読みなさっていらっしゃる見目麗しいお嬢サン、チラリと御覧になりましたら、迷わず今すぐズイッとレジまでお持ちなさいな。お代の金一二〇〇円、付け加えましての消費税八％、決して損はさせません。

サテ、それでは皆々様方、たった今からはじまりますは、「心霊」「秘境」「異形」「残酷」「狂気」と続きます六道の辻ならぬ五つの修羅めぐり。行きはよいよい帰りは恐い。生きて帰れりゃ占め子《しめこ》の兎《うさぎ》。最後までごゆるりとお楽しみください。

ハイ、入り口はこちら！

おことわり

1　本書に収録された掲載作品はすべて数十年前の貴重な資料であり、それらを解体することなく、また現存の状態を保つよう最大の配慮をし、スキャナー入力、撮影を行っています。そのため一部、文字のかすれや詰まりなどにより判読不能な箇所があります。

2　掲載作品の一部には、今日の科学的事実、人権擁護の見地に照らして、不当、不適切と思われる表現が見受けられますが、時代的背景を明らかにする資料と判断し、そのまま収録してあります。同様の理由により、掲載内容の誤字・コピーライト標記なども原文のママとしてあります。

3　本書に収録の作品は、紙面の都合上実際の大きさより縮小して掲載しています。そのため掲載されているテキストが版面に収まらず、一部に不明な箇所がありますが、テキストはあくまで怪奇画を楽しむ一助としてご参照下さい。

4　本書に収録された作品内で扱われている内容、広告、商品はすべて過去のものであり、これらの内容に関してのご質問等には出所元企業ならびに小社は一切お答え出来ません。

心霊

まずはじめにお目にかけいたしますは、幽霊幽的、亡者の類、並びに冥途冥府《めいどめいふ》に黄泉の国。つまるところは三途の川の向こう岸、あの世にまつわる身の毛もよだつ絵図の数々にございます。

一説に怪談なるものは『今昔物語』に端緒を発《ひら》くと申し、また猿楽お能の主人公はどいつもこいつも幽的ばかりでございますから、お化けの類を見たり読んだり聞いたりして楽しむ芸能文芸のアレコレ、古く平安時代にはすでにお馴染みのものとなっていたようでございます。

それからズッと時を下りまして江戸時代、どういうわけだか幽霊モノが庶民の間で大流行となりまして、浄瑠璃、歌舞伎、講談、落語などは言うに及ばず、浮世絵錦絵、草双紙絵草子などなど、多様な娯楽の演目主題として大いに発達発展いたしました。白い着物で足がなく、柳の下からヒュ～ドロドロ……ってなお約束も、この時代に考案されたといわれております。

ところがその幽霊ども、年端のいかぬ子どもらの眺める本の中にさえ堂々と現れいでますのは、もっともっと後の世のお話。さらにズズズッと時を下りますと、これはどうしたって戦争というものにブチあたります。そして戦後の一面焼け野原、敗戦直後からわずか数年、一九四〇年代も後半にさしかかると、まさに雨後の筍のごとく続々と児童雑誌がお目見えいたします。『冒険王』『おもしろブック』『冒険活劇文庫』などなど、これら絵物語と漫画中心の戦後型新雑誌は子どもらに絶大な人気を博しまして、由緒正しき戦前型の良識派児童雑誌を軒並み駆逐、ことごとく廃刊に追い込みます。この顛末、ひとことで申せば、小説や詩に重きを置いた児童文芸誌から、絵物語中心の雑誌へ、そして後の漫画雑誌へと向かう時代の奔流。ですが、大人たちは黙っちゃいない。識者教育者は俗悪低俗有害な極彩色の新雑誌を「子ども向けカストリ雑誌！」だの「赤本漫画誌！」だのと罵倒いたしまして、悪書排斥運動を展開。ハテ、こりゃまたどっかで聞いたようなお話……。

その当時、人気の絵物語や読み物といえば、秘境モノにＳＦモノに探偵モノ。大人たちは、これらをまとめて「怪魔」モノと称して忌み嫌っておりました。なんとなれば、こうした雑誌を開きますれば、ケバケバしい挿絵にオドロオドロしい見出しがズラリ。どの雑誌もページに踊るのは「怪」と「魔」の文字ばかりなり、という次第。その「怪魔」三本柱の一つを担う探偵モノ、なかでもご存じ江戸川乱歩、横溝正史などの手になる怪奇探偵小説の世界こそ、戦後児童文化における幽霊モノの源流にございます。時を経てさらに怪異の趣を増しまして、ついに六〇年代後半にいたり、それまで怪しげな赤本貸本に封じ込められていた幽霊ども、その他大勢の奇々怪々なる有象無象《うぞうむぞう》を引き連れまして、こぞって大手出版社の児童雑誌でも大暴れと相成ります。

ハイ、続きは次章に持ち越しまして、そろそろあの世へご案内。頃合いは夜八ツ時分、草木も眠る丑三つ時に、遠寺より打ちいだしたる鐘の音が、陰に籠って物凄く、ボォォォ～ン……

日本縦断　怪談の旅（1973年）／不明

夏休み＆お盆時期ならではの日本全国心霊ツアー企画。子役モデルたちの不安げな表情にも注目

死後の世界（1968年）／桑名起代至

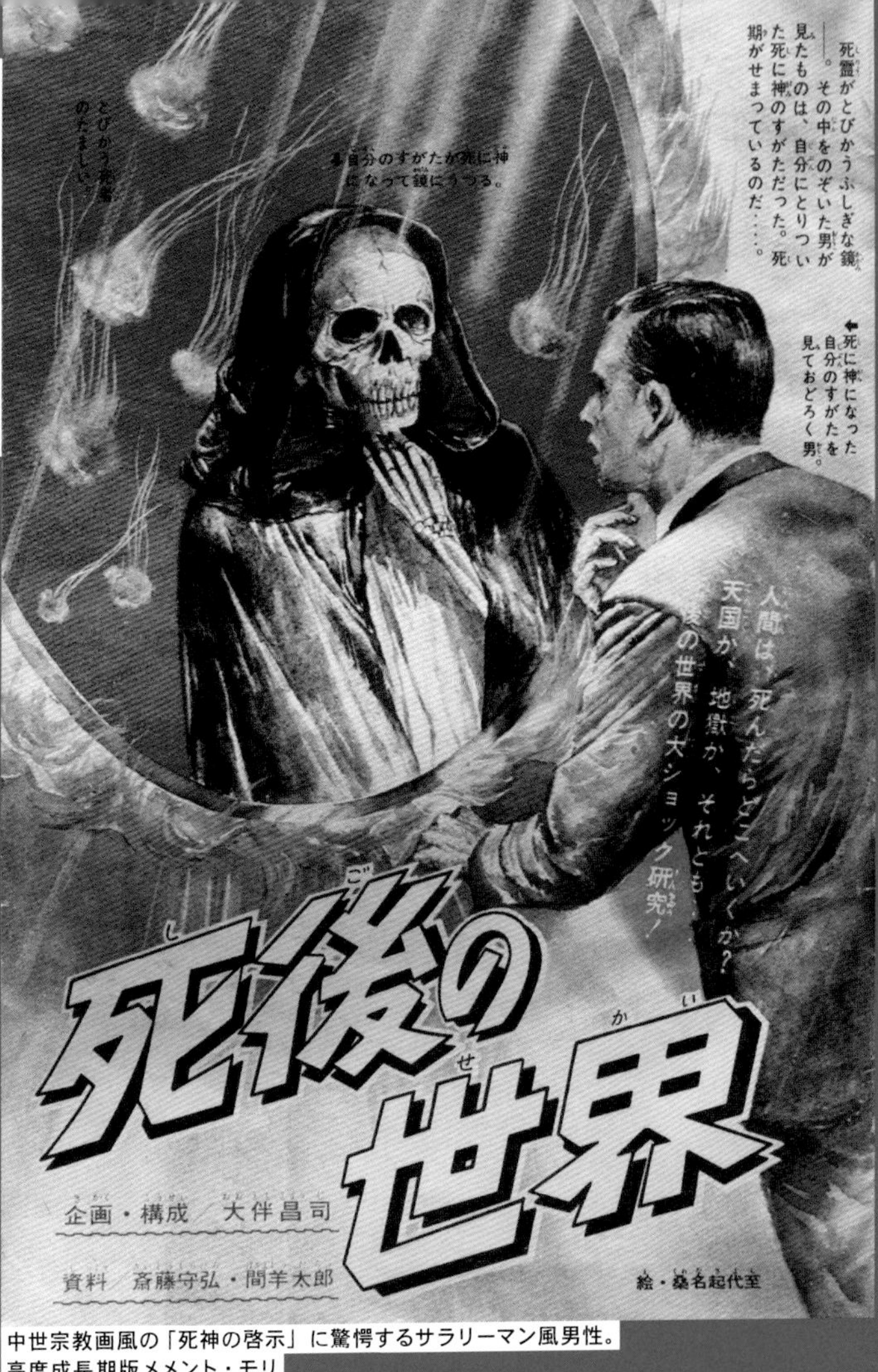
死霊がとびかうふしぎな鏡《かがみ》――。その中をのぞいた男が見《み》たものは、自《じ》分《ぶん》にとりついた死《し》に神《がみ》のすがただった。死《し》期《き》がせまっているのだ…。
▲自分のすがたが死に神になって鏡にうつる。
←死《し》に神《がみ》になった自《じ》分《ぶん》のすがたを見《み》ておどろく男。
人間は、死んだらどこへいくか？天国か、地獄か、それとも…死後の世界の大ショック研究！
死《し》後《ご》の世《せ》界《かい》
企画・構成　大伴昌司
資料　斎藤守弘・間羊太郎
絵・桑名起代至

中世宗教画風の「死神の啓示」に驚愕するサラリーマン風男性。
高度成長期版メメント・モリ

ヨーロッパでは、地獄は地球の内部にあり、中心部まで九つの階層にわかれていると考えられている。この絵はその8番めの「へびの地獄」で、生前、ぬすみを職業としていた人間が落ちる。
❶6本足《ぽんあし》のへびが、地獄《じごく》へ落《お》ちてきた亡者《もうじゃ》をねらう。
❷亡者《もうじゃ》にとびかかる。
❸6本《ぽん》の足《あし》でぐいぐいしめつける。
❹顎をのみこむ。
❺邪悪《じゃあく》なきりがたちのぼり、へびと人間《にんげん》がろ
のほのお。

西洋の地獄　半蛇人の誕生（1968年）／木村正志

リス
ーセンガム
（教育設備助成運動参加商品）
びだすマンガだ　ベタリンコンと
ろうじゃないか！みんなで82種るい
れからもどんどんふえるょ!!
のカードはおまけです！
ムの中に入っている②③④のカードを
めて右の図を完成させましょう。
まけカードは、2枚以上使うと無効です）
りかた――15円切手といっしょに封筒に
入れて送ってください
り先――大阪市都島郵便局私書箱第3号
「立体シールM係」
①おまけカード
（切リトリ線）
ハリス
フーセン
ガム
3枚入り…10円

泥棒が堕ちるという「ヘビの地獄」。亡者が「半蛇人」になるまでの恐怖のプロセス！

❽へびと人間《にんげん》があわさって、半蛇人《はんじゃじん》が誕生《たんじょう》する。
❼2本《ほん》のうでと2本足《ほんあし》のへびになる。
↓はねのあるへびは、空《そら》から亡者《もうじゃ》をおそう。
❻いったんすがたが見《み》えなくなる。
あらゆるへびが出《で》てきて亡者を苦《くる》しめる
へびにしめ殺《ころ》されると、死体《したい》はもえて灰《はい》になるが、すぐに生《い》きかえる。➡
絵・木村正志
西洋《せいよう》の地獄《じごく》
半蛇人《はんじゃじん》の誕生《たんじょう》

どんなとこでも
ペタリンコン
立体シールをあ
Kanebo カネボウ
発売元 カネボウハリス株式会社

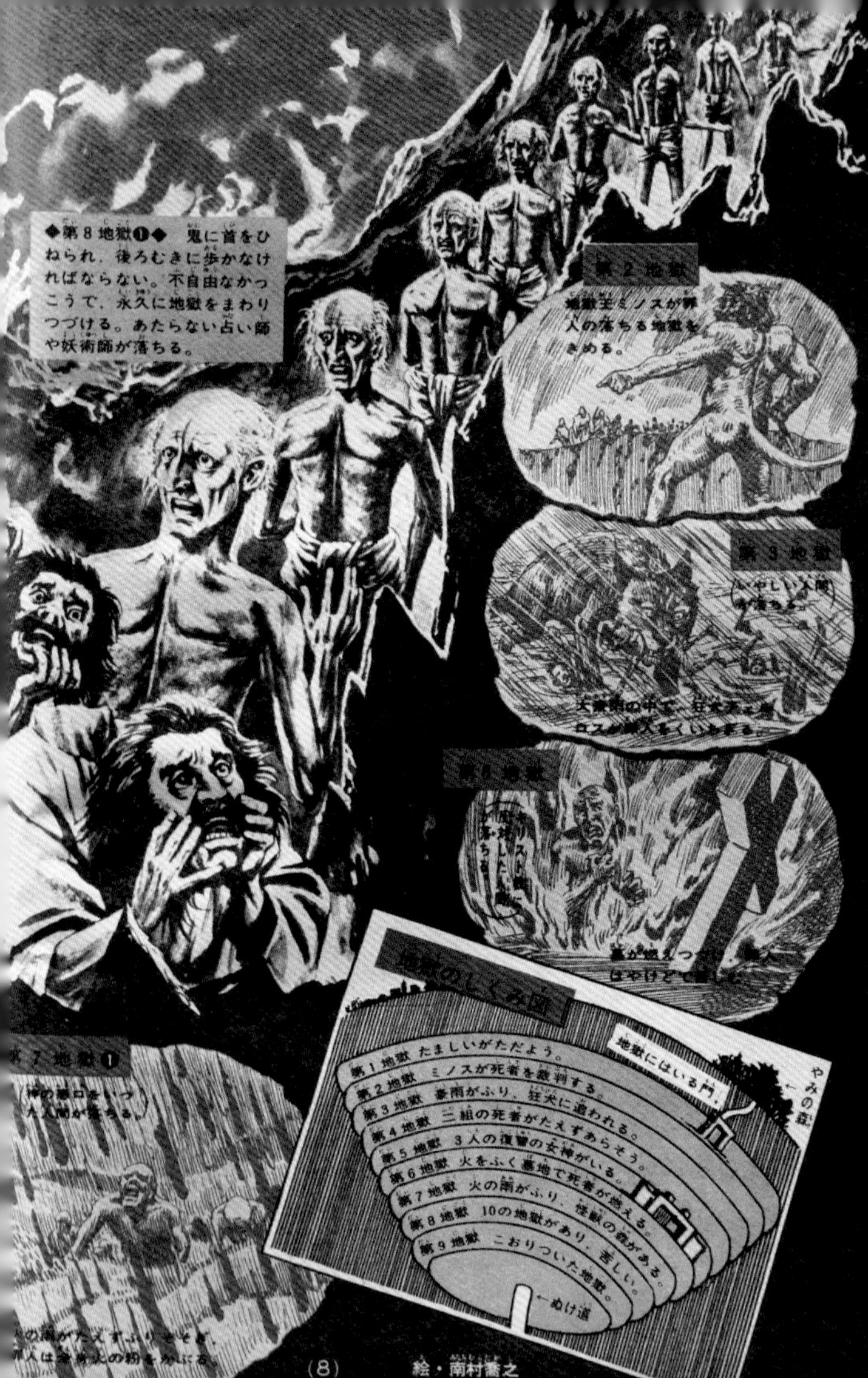
◆第8地獄❶◆　鬼に首をひねられ，後ろむきに歩かなければならない。不自由なかっこうで，永久に地獄をまわりつづける。あたらない占い師や妖術師が落ちる。
第2地獄
地獄王ミノスが罪人の落ちる地獄をきめる。
第3地獄
第7地獄❶
地獄のしくみ図
地獄にはいる門。
←やみの森
第1地獄　たましいがただよう。
第2地獄　ミノスが死者を裁判する。
第3地獄　豪雨がふり，狂犬に追われる。
第4地獄　二組の死者がたえずあらそう。
第5地獄　3人の復讐の女神がいる。
第6地獄　火をふく墓地で死者がいる。
第7地獄　火の雨がふり，死者が燃える。
第8地獄　10の地獄があり，怪獣の森がある。
第9地獄　こおりついた地獄。
←ぬけ道

ダンテの『神曲』で描かれる「9段階の地獄」をデパートのフロアガイド風に解説

▶西洋には9段階の地獄があって、
▶いちど地獄に落ちると ほとんど脱
▶出できない。だが、神の許しがあれ
▶ば 天国へ移れる。また、死ななく
▶でも 天使が許せば、地獄をひとま
▶わり見学することができる。

→さわると手の切れ
るするどい岩。

◆第8地獄❷◆ 鬼にきられた
首をかかえて、地獄を歩きつづ
ける首なし亡者。陰謀をたくら
むことのすきな人間が落ちる。

西洋 地獄めぐり

—ダンテ「神曲」から—

第9地獄　氷の沼につかり落ち武者

第7地獄❷

永の沼に首だけ出
して、何千年も生
きつづける。

キス神話の世界…ミノタウロ地獄の
沼にすんでいる。火の雨の中にまみ
れようとしても、沼にはいれない。

この目《め》で見《み》た死後《しご》の世界《せかい》
死者《ししゃ》の証言《しょうげん》
死後の世界――そこはどんな世界だろうか？ いちど死んで、奇跡的に生きかえった人の見てきた世界と、死者の霊をよびだして聞いた死後の世界をここに紹介しよう。
暗黒《あんこく》の空中《くうちゅう》にくらげのような青《あお》い火《ひ》が見《み》えた。空中《くうちゅう》を飛《と》んで、その火《ひ》の中《なか》にはいろうかどうしようかとまよっているうちに、生《い》きかえった。（富田仙次／東京都）
YES OUIJA NO
ABCDEFGHIJKLM
NOPQRST
YZ
123456
GOOD
自動書記器
東京都の鏡吉郎さんの霊をよびだすと、ごつごつした岩原で、さるになにかを教えているところだった。
自動書記器にうつる死者のことばを書きうつす速記者
死者の霊がのりうつっている無意識状態の霊能者
まっくらなどろ沼に落ちて、もがいていた。手にふれるものがあったので、それにしがみついたとき生きかえった。火葬にされるとちゅうだったのだ。（白井秀人／福島県）
霊能者が、文字板の上であなのあいた板を動かす。あなから見える文字をまとめると、死者のことばになる。

臨死体験者が証言する死後の世界。体験者の実名や住んでる場所が明記されてるのがスゴイ!

東京都の吉川次郎さんの霊をよびだした。吉川さんは、白衣の老人につれられて、けわしい山道を登り、絶壁の上からとびおりた。からだがふわっとういて、庭におりたった。そこは寺だった。以来、そこにすんでいるという。
川《かわ》の中《なか》のはなれ島《しま》に、お姫《ひめ》さまのような女性《じょせい》がいて、美《うつく》しい音楽《おんがく》をかなでていた。自分《じぶん》もそこへいこうとしたが、足《あし》がいうことをきかない。うんうんうなっているうちに生《い》きかえった。（中沢澄平《なかざわすみへい》／山梨県《やまなしけん》）
原《はら》っぱで、数年《すうねん》
会社《かいしゃ》の社長《しゃちょう》に会《あ》い、
るのはまだ早《はや》い！
れた。はっとした
えった。（佐原八郎《さはらはちろう》
暗《くら》いトンネルを通《とお》りぬけると、石《いし》のごろごろした明《あか》るい場所《ばしょ》に出《で》た。そこには、鉄棒《てつぼう》をもって青《あお》っぽい服装《ふくそう》をした男《おとこ》がいて、石《いし》ひろいをさせられた。経《きょう》をとなえながら働《はたら》いているうちに、からだがふわっとういて生《い》きかえった。（山本隆治《やまもとりゅうじ》／東京都《とうきょうと》）
水気隆

極楽浄土案内
川
↑ふくよかなかおりをはなつ川《かわ》の水《みず》は、熱《あつ》くもなく冷《つめ》たくもない。川底《かわぞこ》は砂金《さきん》でいっぱいで、思《おも》いどおりの深《ふか》さになる。
大地
↑大地《だいち》には黄金《おうごん》がまかれているが、じゅうたんのようにやわらかい。指《ゆび》をつきさすとへこむが、すぐもとどおりになる。
木
↑木《き》は、幹《みき》が水晶《すいしょう》で、宝石《ほうせき》の葉《は》をもち、るりの実《み》をならせる。果実《かじつ》はいつでも食《た》べられ、取《と》ってもまたすぐ実《み》がなる。
仏教でいう極楽浄土とは、人間が仏といっしょにくらせる天国のことだ。そこは西方10万億土のかなたにあるが、そこへは、生きていたときに善行をかさねた人でないといけないという。
「無量寿経《むりょうじゅきょう》」「大楼炭経《だいろうたんきょう》」から
おとなになる。遊
の指《ゆび》をしゃぶり、
↓米《こめ》は水《みず》べに自然《しぜん》にはえている。これを水《みず》といっしょにかまに入《い》れ、かまの下《した》にほのおの玉《たま》を入《い》れると、すぐごはんがたける。
米
雨
↑雨《あめ》には8種類《しゅるい》の味《あじ》がついていて、飲《の》むと薬《くすり》になる。味《あじ》のよい雨《あめ》をいっぱいすっ

日本の天国　極楽浄土（1968年）／桑名起代至

一転して幸福感いっぱいの超能天気な極楽浄土描写。天国では「すぐご飯が炊ける」らしい

画・長谷邦代子

日本の天国

極楽浄土

★人間のからだは仏より大きくないが、それでも約４㍍の大きさになる。かみの毛はまっきんで、ツノはないものもある

人間

★極楽にも寿命はあるが、４,０００年から１万１,０００年は生きられる。死ぬと、巨大な鳥が空からおりてきて、死体を運びさる。

死

★子どもは、生きばたに立っていて……から生き

地獄
生前、悪事をはたらいた亡者は、地底にあると考えられる八大地獄に落ちる。そして、数千億年もの長い期間、くりかえし地獄の苦しみを味わう。
③熱鉄壁　数万度の鉄壁にはさまれ、人間せんべいにされるが、外に出ると、またもとの人間にもどるので、何十回も同じ苦しみを味わう。
かまゆで　にえたぎるかまの中で、何百日もゆでられる。いへんな苦しみだが、けって死なない。油をしいた大べでいられることもある。
第3 衆合地獄
↓人を殺した人間が落ちる。熱い鉄輪でがんじがらめにされ、のこぎりでからだをひかれる。
第1 等活地獄
悪いあそびにふけった人間が落る。鉄のうすですりつぶされ、刀の山や刀の林に追いこまれる。
第2 黒縄地獄
↑動物を殺した人間が落ちる。鉄棒でうたれ、こなごなになるが、風がふくと、また生きかえる。

日本8大地獄（1968年）／南村喬之

南村先生、渾身の力作！「人間せんべい」「人間すりつぶし」などエグい描写がギッシリ

日本8
❶火車《かしゃ》 叫喚地獄《きょうかんじごく》に送られる亡者《もうじゃ》は、半獣人《はんじゅうじん》の牛鬼《うしおに》のひく火車《かしゃ》につめこまれる。火車《かしゃ》は、亡者《もうじゃ》がなきさけぶほどスピードがでる。
❷熱鉄板走り まっかに焼けた鉄板の上を走らされる。鉄は、夏のアスファルト道路のように、足にこびりつく。
❻舌ぬき 焼けたくぎぬきで舌をぬかれる。舌はすぐはえてくるが、はえればすぐぬかれてしまう。
絵・南村喬之
❺銅流《どうなが》し とけた銅《どう》を口から何《なん》ばいも流しこまれ、内臓《ないぞう》をやけただれさせられる。
第4 叫喚地獄
第5 大叫喚地獄
ぬすみをはたらき、酒におぼれ、うそをついた人間が落ちる。
⬇悪事をはたらいた坊さんが落ちる。一度ずつひきはがされた上に、熱湯をかけられる。
第6 焦熱地
第8 阿鼻地獄
⬆いちばん底の地獄。巨大な銅のいぬがいて、目や毛あなからほのおを出し、亡者を食べる。
第7 大焦熱地獄
⬆まちがった考えにとらわれた
間が落ちる。くりかえしくりか
し、熱とほのおの責め苦にあ

日本の怪談
妖《よう》骨
備後の国の住人、品知の牧人が旅をしていたとき、日くれのささやぶでなきさけぶどくろのまぼろしを見た。よく見ると、ささの中に一つのどくろがあって、左目にささがはえていたので、それをぬいて楽にしてやった。喜んだどくろは、牧人に幸運をさずけた。（『日本霊異記』から）
なき叫《さけ》ぶどくろ
絵・柳 柊二

なき叫ぶどくろ（1968年）／柳柊二

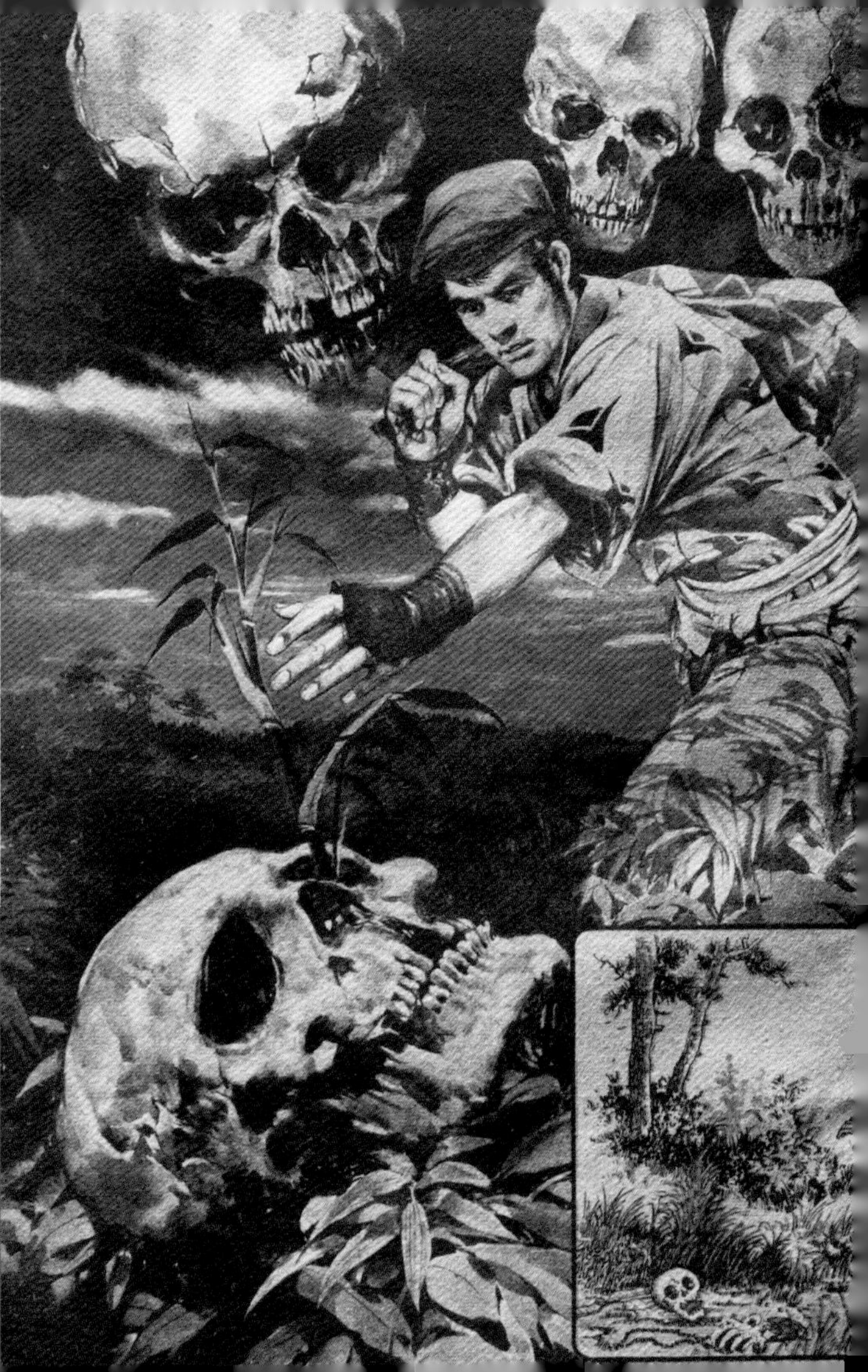

平安時代の説話集『日本霊異記』の一場面。描写は恐ろしげだが物語はハッピーエンド

おばけ首ニコンボウ　舞い首幽霊（1967年）／木村正志

大阪吹田市某所で「ニコンボウ」と唱えると、今でもこの「舞首」が出現するらしい！

おばけ首《くび》 ニコンボウ舞《ま》い首《くび》

「キャーッ！　おばけ首《くび》だ!!」ふと空《そら》を見《み》あげた子《こ》どもがさけんだ。いつあらわれたか、ふたつの首《くび》が一方《いっぽう》が火《ひ》をはけば、他方《たほう》が雨《あめ》をふらし、必死《ひっし》に戦《たたか》っているのだ。これこそ、法力《ほうりき》くらべの勝負《しょうぶ》をつけようといまだに戦《たたか》いつづけているふたりの行者《ぎょうじゃ》の首《くび》なのだ。

大阪《おおさか》の吹田《すいた》市あたりでは、いまでも、空《そら》にむかって「ニコンボウ」とよぶと、ふたつの首《くび》が戦《たたか》いながらあらわれるという。

え・木村正志《きむらまさし》

亡霊除けの経文を書き忘れ、耳をそがれたビワ法師「耳無し芳一」の伝説の地は、下関市の赤間神宮。夜間、この付近を通る船は、泣き叫ぶ鎧姿の亡霊に海中へ引きずりこまれると恐れられている。平家一門の祟りを鎮めるため建てられたのが赤間神宮（昔の阿弥陀寺）だ。
★山口県下関市阿弥陀寺町 国鉄山陽本線下関駅下車，バスで赤間神宮前下車
赤間神宮
関門トンネル
門司港

泣き叫ぶ平家の亡霊　琵琶湖底の怨霊墓場（1973年）／石原豪人

琵琶湖の底に沈んでいるという平家の亡者たち。生々しい水死体描写に子役モデルも震撼！

絵／石原豪人《いしはらごうじん》

びわ師をおそう
平家《へいけ》の亡霊《ぼうれい》
芳一がかたる平家のさいごの場面に、なみだをながす平家の亡霊たち。
びわをひきながら、海にほろんだ平家のさいごをかたるのが、たいへんじょうずだった。
「芳一、顔色がよくないぞ。」
「はい、まい晩わたしのびわがききたいと、むかえにくる人がいます。それでつかれたのでしょう。」
平家《へいけ》のうらみがやどったといわれる平家《へいけ》ガニ。

びわ師をおそう　平家の亡霊（1967年）／南村喬之

空中にういた芳一の耳をひきちぎる平家の亡霊。

「これは、平家の亡霊にとりつかれたにちがいない。」

おしょうさんは、芳一のからだ中に経文をかき、だれがきても返事をしてはいけないといった。

——夜になった。「芳一、芳一」むかえの亡霊がよぶ。だが芳一のからだは経文の力で見えない。

「おお、こんなところに耳がある。」亡霊は、耳をひきちぎってきえた。おしょうさんが、耳のところだけ、経文をかきわすれていたのだった。

その後、芳一は「耳なし芳一」とよばれ、ますます有名になったといわれる。

え・南村喬之《なみむらたかし》

古典的怪談の定番「耳なし芳一」を絵物語風に展開。「耳ひきちぎり!」の名ゴアシーン

すべて

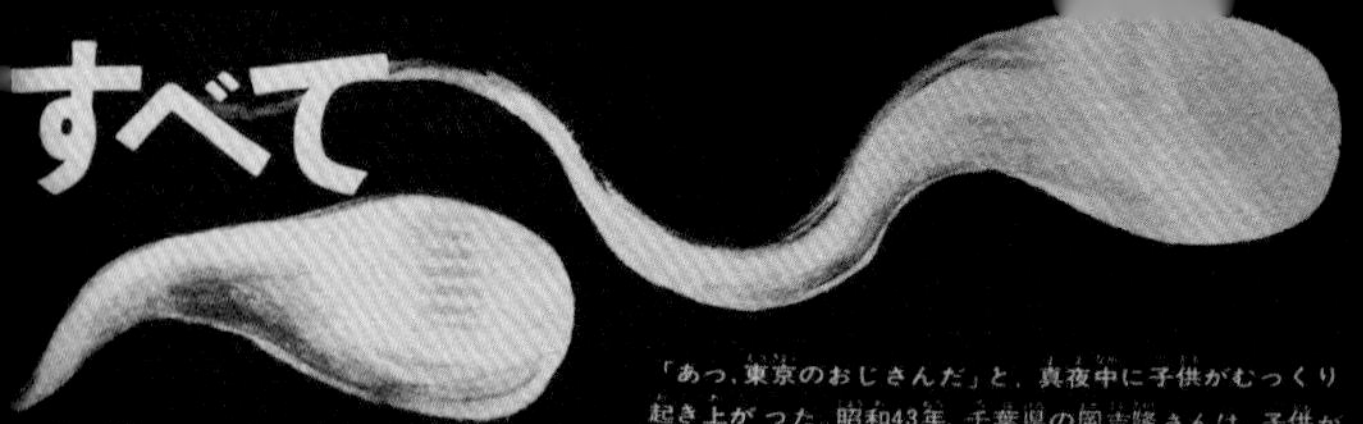

子供の人魂は20にくらいの低空をふわふわ飛　老人の人魂は空高くゆっくり、若者の人魂　あとにすじを残すと信じられている。

「あっ、東京のおじさんだ」と、真夜中に子供がむっくり起き上がった。昭和43年、千葉県の岡吉隆さんは、子供が夢《ゆめ》を見たのかと思っていると、ガラス窓の外に人魂が行ったり来たりしているのを見《み》てびっくり。そのとき電話が鳴り、東京にいる岡さんの弟の事故死が伝えられた。

❸一瞬のうちに、ほかへ移動できる。

❹不死身。ピストルで撃っても、刀で斬っても死なない。

❺人《ひと》にとりついて、その人自身《ひとじしん》の顔を幽霊自身の顔に変える。

❽生者を見えない力でしばる。

❾雷をよんだり、雨を降らしたり、自然の力をあやつる。

❿人間を病気にしたり、気を狂わせたりできる。

イギリスの心霊学者で物理学者のロッジ博士《はくし》によると、霊魂は殻を作る軟体動物、すなわち吸収した栄養分を筋肉や皮膚や羽毛に変える動物に似ている。この見えない磁石の力のようなものは、地上の物質分子を一時利用して殻に似た目に見える肉体を作る。

人間のからだには目に見えないもう一つのからだ「幽体」があり、肉体が死ぬと、からだから幽体がぬけ出す。

絵　南村喬之

人魂の

ひとだま

死者の魂が「人魂」になるまでを詳細に図解。68年に千葉で起こった「人魂目撃事件」も紹介

上昇しながらしだいにちぢまり、発光して人魂となる。

人魂を間近で見ると、生前の顔が見分けられるという

幽霊の十大変化

❶姿を現わしたり消したり、見えかくれ自由。

❷どんなすき間も通りぬける

❻鬼火や冷たい風を起こす。

❼人間の頭

肉体の殻からぬけ出した幽体は、心も記憶も生前のままで、空中に上昇する。

幽体が銀でて肉体とる間は、性がある全に死ん

魂の緒

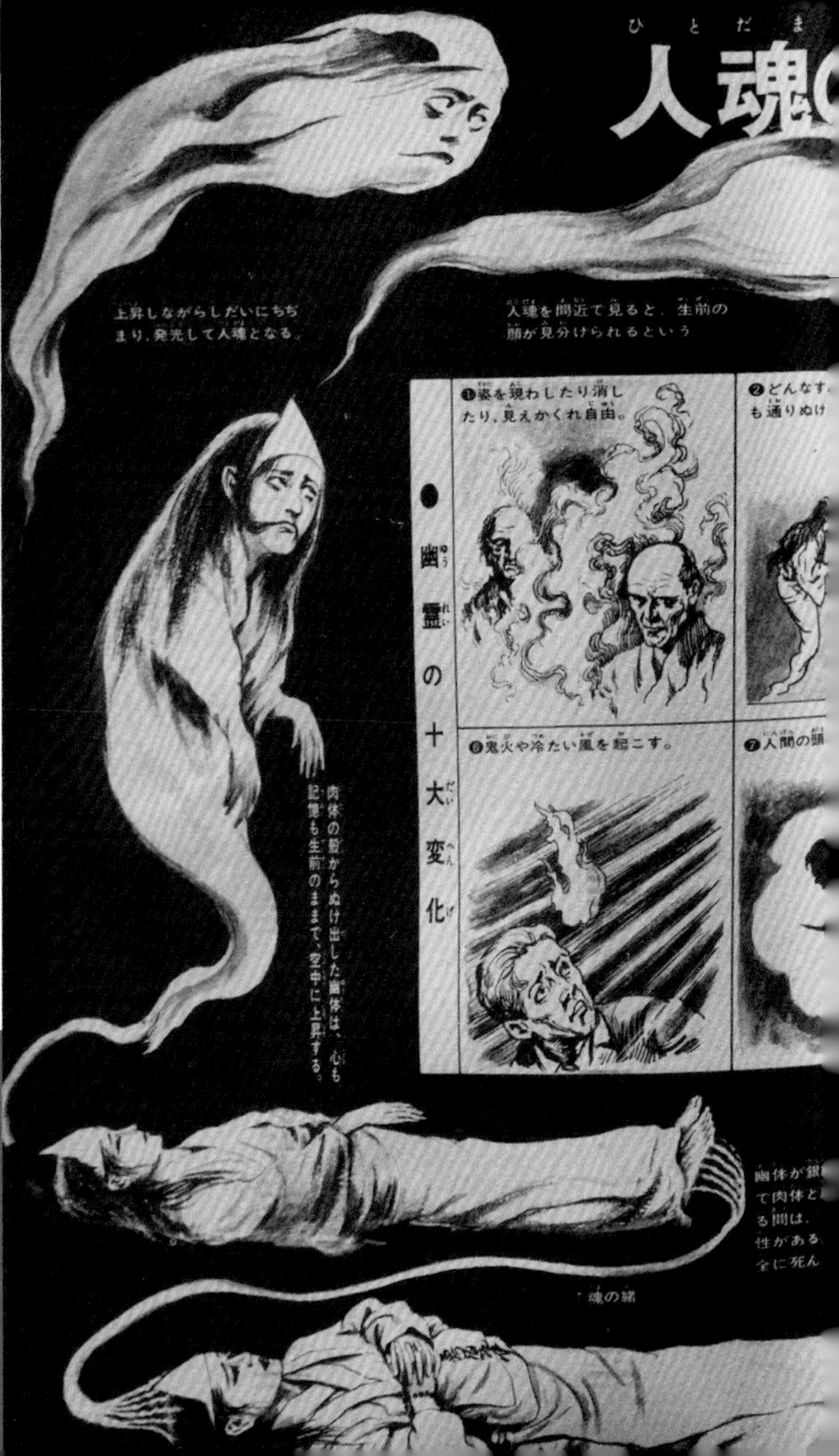

昔の人は，人間だれでも体の中に魂というものがはいっていて，その魂が体からぬけ出してもどってこなくなったときに，その人は死んでしまうと考えた。だから，体からぬけ出た魂を呼びもどせば，死にかかった人を生き返らせることができるという。これが，各地方に残る“魂呼び”の行事だ。
この魂呼びは，屋根の上で山や死人にむかって行なわれることが多く，「○○ちゃーん，こっちだよー，早くもどっておいでよー。」などとさけぶ。
升桝をたたく
馬県利根郡糸之瀬魂呼び。桝で米をって食べるだけの寿命がまだあるぞと，死人の魂に教えているのだ。
▲お天道様にさけぶ
静岡県庵原郡では，屋根の上からお天道様にむかって，死人の名を呼ぶ。
◀着物をふる
新潟県の魚沼地方では，人が死ぬと山伏をよんでくる。山伏は，屋根にのぼり，北にむかって着物をふりながら，大声で死人の名を3度呼ぶ。死んだ人の魂は遠くへ行きかけていたが，自分の着物をふって名前を呼ばれるので，気がついてもどってくる。山伏は，着物で魂をつつむようにして，家の人の前に着物を投げる。
◀屋根にかまをさす
秋田県では，人が死ぬと，屋根にかまをつきさして，死人の名を呼ぶ。
絵 境木康雄
井戸の底にさけぶ■　宮城県では，親が死ば子，夫なら妻というふうに，いちばん近いが井戸にむかって名を呼ぶ。井戸の底は，地下の他界，つまり，あの世に通じているという信仰があるからだ
■天井からつるす■　長野県の諏訪地方では，昔，お産で死にそうになったとき，髪の毛を一たばにして体をつりさげてから大声で女の人の名を呼んだ。荒っぽい鎮魂（魂がぬけ出すのを呼びとどめ，しずめること。）のやり方だ。

霊魂を呼びもどす！（1970年）／境木康雄

霊魂を呼びもどす！

日本の魂

日本古来から各地に伝わる死者蘇生術を県別にリストアップ。屋根の上の作業がやたらと多い

梶蔵の山にさけぶ▶ 青森県では、死人の魂が帰るという恐山の方角をむいて、死人の名を大声で呼ぶ。

ふるいをかつぐ▶ 岡山県では、難産で気絶したとき、殻を置いて、ふるいをかつぎ、名を呼ぶ。

ふたをたたく▶ 徳島県では、死にそうな大病人のとき、なべのふたをたたいて病人の名をよぶ。

釜のふたをたたく▼ 広島県では、息を引きとると、釜のふたをたたいてその人の名を呼ぶ。

扇をます 徳島県では、屋根にあがって、屋根のわらをめくり扇面をまき死者の名を呼ぶ。

■鏡で照らす■ 島根県の出雲大社のある大社町では、死人が出ると、家族の人が屋根にあがり、穴をあける。そして、鏡で死人の顔を照らし、大声で死人の名を呼ぶ。太陽の光で気がつくようにとするのだ。

■屋根をうがつ■ 島根県隠岐諸島では人がでると、屋根をうがち、細ひもで髪を引っぱり、もう一方を口にあてて死人の名を呼ぶ。答えがなければ、絶命とあきらめる。

死者を送る人々（1970年）／桑名起代至

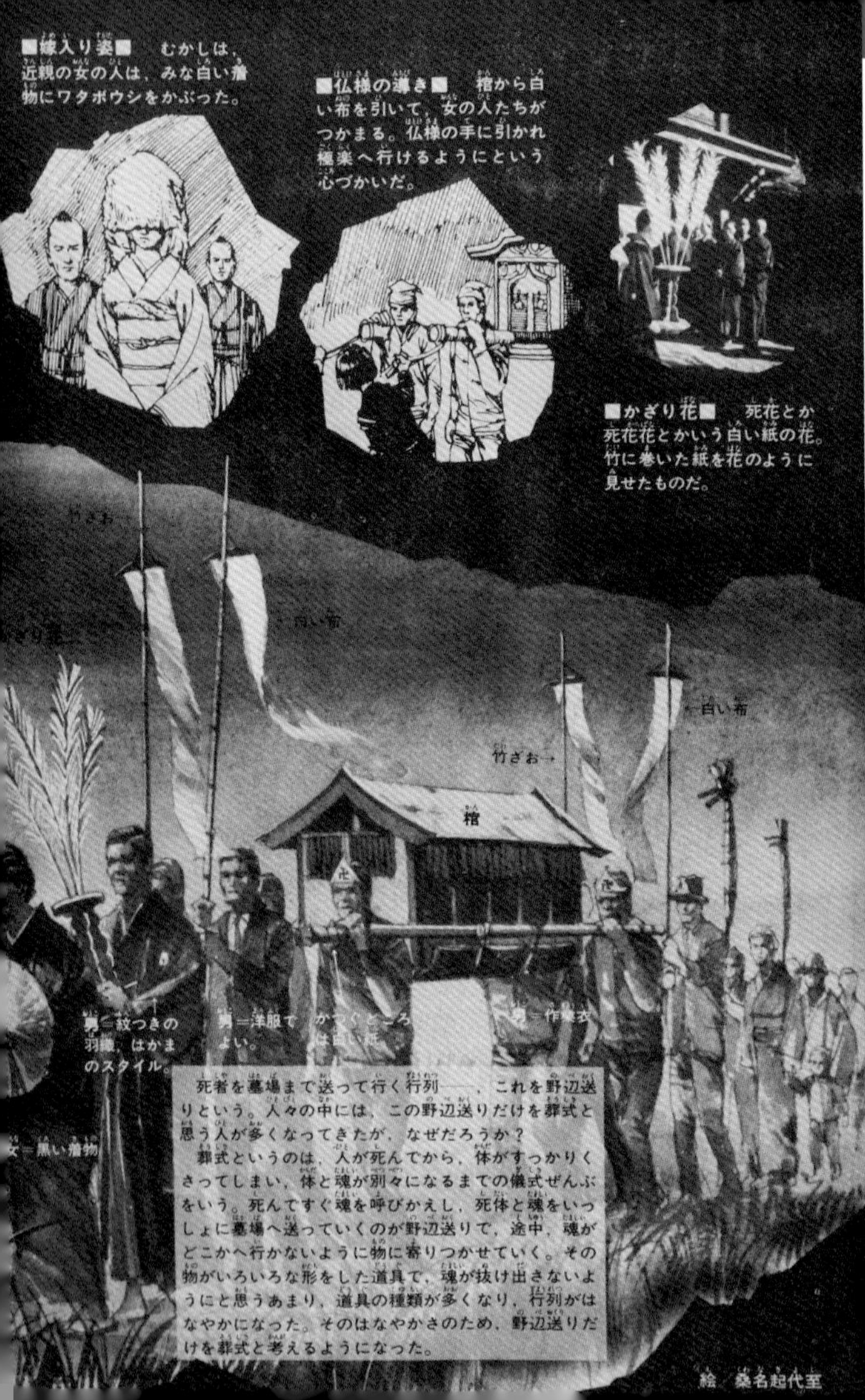
■嫁入り姿■　むかしは、近親《きんしん》の女《おんな》の人《ひと》は、みな白《しろ》い着物《きもの》にワタボウシをかぶった。
■仏様《ほとけさま》の導き■　棺《かん》から白《しろ》い布《ぬの》を引《ひ》いて、女《おんな》の人《ひと》たちがつかまる。仏様《ほとけさま》の手《て》に引《ひ》かれ極楽《ごくらく》へ行《い》けるようにという心《こころ》づかいだ。
■かざり花■　死花とか死花花とかいう白《しろ》い紙の花《はな》。竹に巻《ま》いた紙を花《はな》のように見《み》せたものだ。
白い布
←白い布
竹ざお→
棺
男＝紋つきの羽織、はかまのスタイル。
男＝洋服でよい。
男＝作業衣
女＝黒い着物
絵　桑名起代至

死者《ししゃ》を墓場《はかば》まで送《おく》って行《い》く行列《ぎょうれつ》——、これを野辺送《のべおく》りという。人々《ひとびと》の中《なか》には、この野辺送《のべおく》りだけを葬式《そうしき》と思《おも》う人《ひと》が多《おお》くなってきたが、なぜだろうか？

葬式《そうしき》というのは、人《ひと》が死《し》んでから、体《からだ》がすっかりくさってしまい、体《からだ》と魂《たましい》が別々《べつべつ》になるまでの儀式《ぎしき》ぜんぶをいう。死《し》んですぐ魂《たましい》を呼《よ》びかえし、死体《したい》と魂《たましい》をいっしょに墓場《はかば》へ送《おく》っていくのが野辺送《のべおく》りで、途中《とちゅう》、魂《たましい》がどこかへ行《い》かないように物《もの》に寄《よ》りつかせていく。その物《もの》がいろいろな形《かたち》をした道具《どうぐ》で、魂《たましい》が抜《ぬ》け出《で》ないようにと思《おも》うあまり、道具《どうぐ》の種類《しゅるい》が多《おお》くなり、行列《ぎょうれつ》がはなやかになった。そのはなやかさのため、野辺送《のべおく》りだけを葬式《そうしき》と考《かんが》えるようになった。

古来の野辺送り＝葬列を解説。超常現象的描写はいっさいないが、なんとも不気味な雰囲気……

■竹ぼうき■　茨城県の筑波山のふもとの村では，先頭に竹ぼうきの焼けこげみたいなものを持つ。タイマツのつもりだ。
■お金をまく■　紙につつんだお金を，かごから振りこぼす。拾われると死者の供養になる。
死者を送る人々
日本の野
花をすこしつける
割り竹のかご
竜頭
泣き女＝とくに泣くために，たのまれて列に加わる女。ほとんど離島や海辺の村にかぎられた習俗。
男＝洋服でもよい。→
坊さん＝左肩からキンキラキンのケサをかける。↓
男＝洋服でもよい。↓
★葬列は地方によってずいぶんちがう。絵は岐阜県飛弾の葬列をもとにした例だが，泣き女，竜頭，かざり花は別の地方のもの。
白木のおぜん＝めしをにし，はしを2本立てうそく，木の香炉，魚のせたさらなどをおく

死霊と語る夜（1969年）／南村喬之

すぎ木立ちのおくの地蔵堂内に、無気味な石地蔵が亡霊のように立ちならんでいる。その前に、ひとりの老婆がうずくまって、念仏をとなえている。地蔵のまわりには、人形やはりこの手がうずたかくつまれていた。

地蔵は、地獄に落ちて苦しむ子どもの霊をすくう仏として、信仰されてきた。地蔵は、現実の世界と死後の世界とをつなぐ使者として、どんな願いでも、死後の霊に伝えてくれる。

はりこの手は、手の病気の全快をいのり、「め」と書かれた板は、眼病の全快をいのったものだろう。

地蔵堂の老婆は、いつまでも念仏をとなえつづける。いつしか、死んだ子どもの顔が、石地蔵に重なってくるという。（川倉地蔵―青森県北津軽郡川倉にある。）

青森県に伝わる死者との交流を行う秘習。積まれた人形や「目耳鼻」の貼り紙が禍々しい

都心の墓地に〝のっぺらぼう〟（1973年）／石原豪人

73年、台東区谷中墓地で起こった「のっぺらぼう遭遇事件」。
浴衣少年の怯え方がイカす！

深山に乱舞する人魂の集団（1973年）／林正巳

深山《しんざん》に乱舞《らんぶ》する人魂《ひとだま》の集団《しゅうだん》

長野県木曽の御岳山。ケルン（三角形に積みあげた石の山）が無数に乱立する七合目で、音もなく不気味な人魂の群れが舞う。風の強い夜ふけの十一時過ぎに多く、大人のコブシよりもやや大きい程度だ。地上二㍍のあたりをフワフワ飛び、つかもうとすれば生きもののように身をかわす。

それは、行方不明の遭難者の魂か、それとも昔、製糸工場で酷使され、自らの命を絶った若い娘たちのさまよえる霊か？

これは、奥深い高山でよくみられる放電現象の一種とも考えられるが、ほかに、山梨県天神岳や熊本県高瀬地区でも、同じような集団人魂があらわれるという。

槍ケ岳
松本
塩尻
高山
乗鞍岳
御岳山
長野県
岐阜県
高山本線
中央本線
中津川

★長野県と岐阜県の県境にある御岳山（3063m）7合目／かなり難コース

絵／林正巳

長野県御嶽山で起こった「人魂大量浮遊事件」を『女工哀史』に絡めて考察。あゝ、野麦峠！

①

②

お化け屋敷の起源は、人形によってさまざまな「恐怖」を再現した一種のジオラマ風の見世物にある。いわば「猟奇版菊人形」のようなものだったのだろう。天保元年（1830年）には絵とバケモノ細工で百鬼夜行を再現した「大森の化け物茶屋」、水死体、首吊り死体など、陰惨な死の光景を人形で再現した両国回向院《えこういん》の「変死人形競《へんしにんぎょうくらべ》」などが人気を呼んだ。

また同じく天保年間後半、怪談噺を得意とした初代林屋正蔵《はやしやしょうぞう》は、見せ場でバケモノ人形が出現する仕掛けを用いた落語で話題をさらう。大正になると各種博覧会での特設お化け屋敷が呼び物となり、百貨店が納涼企画として行う「お化け大会」の催事も流行した。

そして昭和六年（1931年）、両国国技館の「日本伝説お化け大会」によって、種々のジオラマの間を巡回する現在のお化け屋敷の原型が完成したといわれている。戦後は主に遊園地で発展したが、昭和三〇年代ごろまでは百貨店の屋上遊園での興行も盛んだった。

①歌川国芳「百物語化物屋敷の図 林屋正蔵工夫の怪談」 1839～41年頃／初代林屋正蔵の仕掛けを用いた怪談噺を錦絵で再現したもの

②両国国技館 日本伝説お化け大会 1931年／初の本格的お化け屋敷。監修は日本伝説学会会長の藤沢衛彦氏。装飾を手がけたのは乃村工藝社

③国防と教育博覧会 お化け館 1934年／新潟で行われた博覧会に特設されたお化け屋敷

④浅草松屋 迷信を破る科学展 1950年／百貨店・松屋が開催した「科学的な視点」をテーマに掲げた「お化け大会」

⑤京王百貨店「ゲゲゲの鬼太郎」 1968年／妖怪ブーム全盛期に開催された京王百貨店の納涼催事

資料写真提供＝株式会社乃村工藝社

④

③

⑤

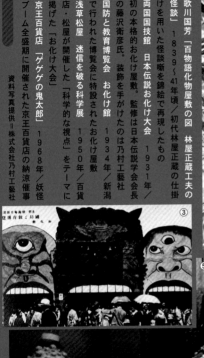

通夜の主だった乗客（1970年）／南村喬之

一九五四年《ねん》、お盆《ぼん》の七月《がつ》二十三日夜《にちよる》、大分県別府市《おおいたけんべっぷし》のタクシー運転手《うんてんしゅ》佐藤《さとう》さんは、若《わか》い女《おんな》の声《こえ》の電話《でんわ》で、"至急《しきゅう》中山病院《なかやまびょういん》まで来《き》てくれ"と呼《よ》び出《だ》された。病院《びょういん》の門前《もんぜん》で、腹《はら》をおさえた和服姿《わふくすがた》の若《わか》い女《おんな》を乗《の》せて車《くるま》を走《はし》らせたが、途中《とちゅう》、ふとバックミラーをのぞくと、女《おんな》の姿《すがた》が見《み》えない。しかし、ふり返《かえ》ると、座席《ざせき》には、青《あお》ざめた顔《かお》をした女《おんな》がたしかにすわっていた……。女《おんな》は料金《りょうきん》を払《はら》わずに降《お》りたので、入《はい》っていった家《いえ》で請求《せいきゅう》すると、"それはきっと、腹部手術《ふくぶしゅじゅつ》の結果《けっか》がよくなくて死《し》んだうちの娘《むすめ》だ。今《いま》お通夜《つや》をしているところだ"といわれた。

■手《て》マリをつく少女《しょうじょ》の幽霊《ゆうれい》

雨《あめ》の夜《よ》、八王子市《はちおうじし》（東京）左入町《さにゅうまち》を走《はし》る車《くるま》は、道路《どうろ》の真《ま》ん中《なか》で手《て》マリをつく少女《しょうじょ》を見《み》つけて急《きゅう》ブレーキをかけるが、まにあわずひいてしまう。だが、少女《しょうじょ》の死体《したい》はない……。以前《いぜん》、この道路《どうろ》の工事現場《こうじげんば》にいた父《ちち》をたずねてきた少女《しょうじょ》が、土砂《どしゃ》くずれのため死《し》んだという。

■バスの中《なか》に乗客《じょうきゃく》の幽霊《ゆうれい》

名古屋市《なごやし》の本中島橋《ほんなかじまばし》、西中島橋《にしなかじまばし》付近《ふきん》。バスの停留所《ていりゅうじょ》に立《た》つ人影《ひとかげ》を見《み》て、バスを止《と》めるが、だれもいない。だが、しばらくたつと、最後部《さいこうぶ》右《みぎ》すみの座席《ざせき》がしつとりとぬれている。この辺《へん》は、伊勢湾《いせわん》台風《たいふう》（一九五九年）で数千《すうせん》の死者《ししゃ》が出《で》た所《ところ》だ。

●幽霊—通夜《つや》の主《ぬし》だった乗客《じょうきゃく》

自動車に関連した実話特集。典型的な「タクシーの女幽霊」をジメッとしたタッチで活写

絵／南村喬之

髪をふり乱した女の姿がうつる……。数年前《すうねんまえ》、近所《きんじょ》の多摩川《たまがわ》に身投《みな》げして死《し》にきれなかった女《おんな》が、石《いし》べいにはい上《あ》がり、頭《あたま》から落《お》ちて死《し》んだという。

■首《くび》の骨《ほね》を折《お》った女《おんな》の幽霊《ゆうれい》

一九六六年秋《ねんあき》、北海道《ほっかいどう》で、車《くるま》を運転《うんてん》していた女《おんな》が、窓《まど》から首《くび》を出《だ》したところ、後続車《こうぞくしゃ》にぶつけられ、首《くび》の骨《ほね》を折《お》って死《し》んだ。以来《いらい》、その車《くるま》のバックミラーに、夜《よ》な夜《よ》な女《おんな》の顔《かお》がうつり、当時《とうじ》三十万円《まんえん》だったこの車《しゃ》も、六千円《えん》で青森《あおもり》に売《う》られた。

うごめく
白《しろ》い手《て》
静岡市に住む
その奥さんの
四十一年、市の
を借りた。うる
なく、二人にとって
住まいだった。
ある蒸し暑い夜
ひとりになった
うちからぐっすり
そして、真夜中の一
と目がさめた。外はい
げしい雨になっていた。
どこからか女の
える……。
そんなことを
いう。わたしだって

うごめく白い手（1970年）／南村喬之

節子さんが里へ帰ったその夜、こんどは正一さんが一人で家に寝ることになった。

昨晩と同じように雨が降り、さびしい夜だった。真夜中ごろだろうか。ものの気配にふと目をさますと、いっぺんに眠気がふっとんだ。

へやの中には、無数の鬼火が飛び回っているのだ。青白い無気味なほのおのかたまりだ。チラ、チラとゆれながら、音もなくへやの中を上下していて、その下の畳にも何か白いものが見える。

「手だ！　子供の手だ！」

正一さんは、思わずからだがふるえた。畳の上ににょっきりのびた子供の手。それが何ものかをさがし求めるようにゆっくりとうごめいているのだ……。

夜の明けるのを待ちかねて、正一さんは家の縁の下を調べてみたが、何も発見できなかった。

きっと、以前、この家で何か凶悪な犯罪が行なわれたのだろう。


静岡で起こった「畳から子どもの手が生える」という怪現象。手よりもおばさんの顔がトラウマ級

闇におどる白歯（1969年）／柳柊二

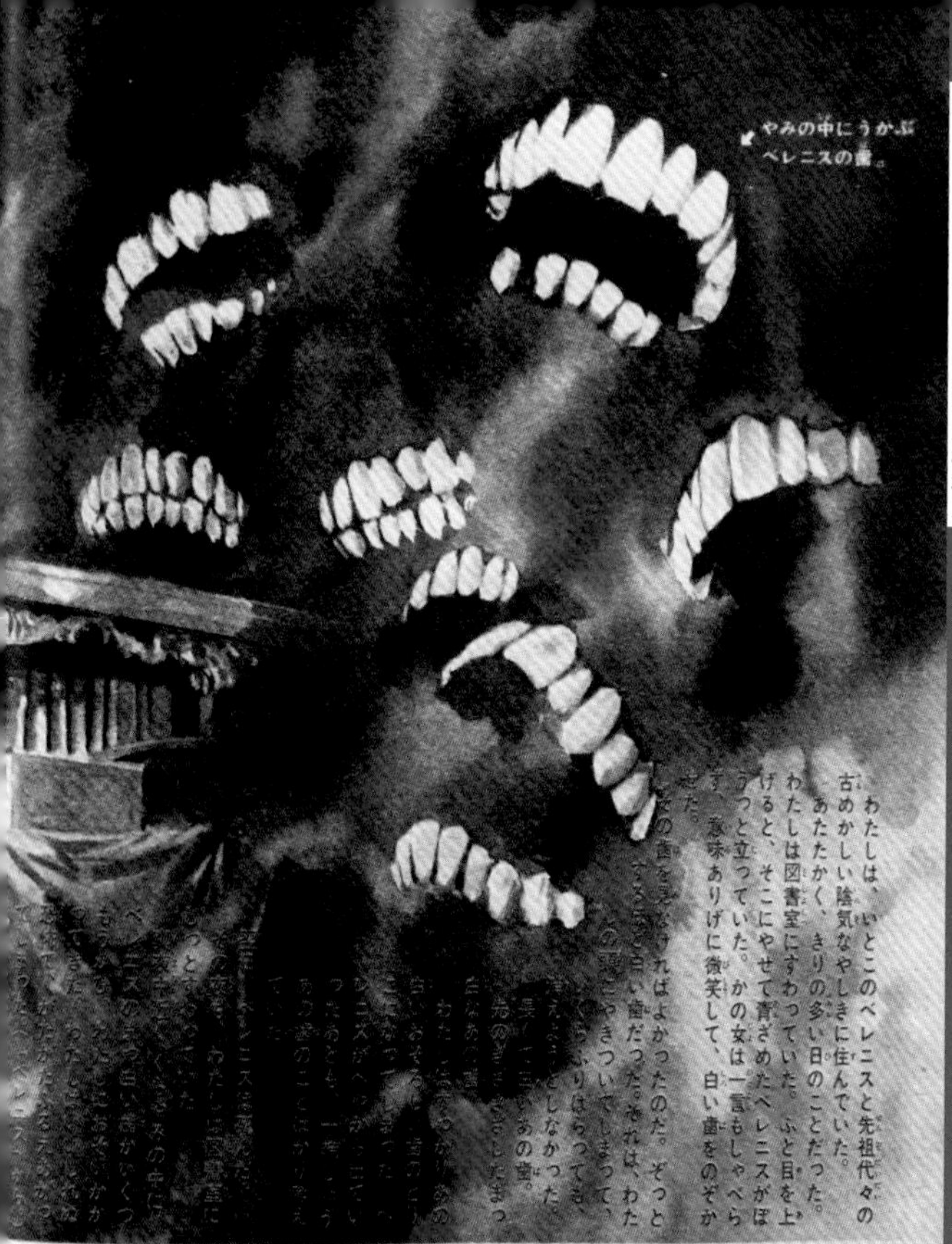
やみの中にうかぶベレニスの歯。

わたしは、いとこのベレニスと先祖代々の古めかしい陰気なやしきに住んでいた。

あたたかく、きりの多い日のことだった。

わたしは図書室にすわっていた。ふと目を上げると、そこにやせて青ざめたベレニスがぼうっと立っていた。かの女は一言もしゃべらず、意味ありげに微笑して、白い歯をのぞかせた。

ればよかったのだ。ずっと

ゴイ人気の大型《おおがた》立体シール！
スフーセンガムでキミもあつめよう
ハリス
フーセンガム
（教育設備助成運動参加商品）
フーセン ガム
3枚入り…10

エドガー・アラン・ポーの小説『ベレニス』より。「歯フェチ」男が陥った狂気の世界

闇《やみ》におどる白歯《しらは》
白い歯の幻影に
おののくわたし。
恐怖の世界
絵・柳 柊二

でっかくなった
立体シールをあつめよう

破れた帆、海藻のこびりついた船腹、甲板にころがる白骨――。むかしから、このような無気味な漂流船が、多くの船員に目撃され、おそれられている。これが幽霊船なのだ。
⬇セントエルモの火
海の魔女➡
⬆いかりにつきささった死者。
幽霊船《ゆうれいせん》のすべて

幽霊船のすべて（1969年）／生頼範義

船腹をはいあがる生きた海草。
幽霊船の救命ボート。

今ではほとんど語られなくなったが、この時代までは幽霊船モノは子ども向け怪奇譚の王道だった

幽霊船（1969年）／桑名起代至

幽霊船特集の扉絵。
「港に近づく船が消えた！」は、このジャンルの典型的エピソード

秘境

お次にご覧に入れますは、遠く海を渡りまして地図にも無き南洋の孤島、人跡未踏の南米のジャングル、神秘に包まれた暗黒の大陸アフリカ、さらには三千世界の果ての果て、この世ともあの世ともつかぬ秘境魔境桃源郷の摩訶不思議な光景の数々にございます。

サテ、人々が未来だ科学だスピードだと騒いでおりました高度成長の末期、児童雑誌には密林、未開、原始などの言葉が踊りまして、アフリカ、アマゾン、ニューギニアを筆頭に、遥か彼方の「知られざる世界」を紹介する記事がドシドシと掲載されました。イヤ、紹介と言っても大半は想像空想妄想で捏ねあげた荒唐無稽の冒険探検モノ。時代も場所もこんがらがったヒドイ記事もございます。「現地取材班による報告」などと称すルポも流行りましたが、これまた甚だ怪しげな内容で、やれ南米の村には妖術を使う長老がいるだの、挙句の果てには彼の地じゃ今も生贄《いけにえ》やら人喰いの習慣があるだのと、昨今ならば国際モンダイになりかねないような戯言三昧でございました。

それはともかくといたしまして、大阪万博を目前に控えた未来ブームの真っ只中、それに真っ向から抗うような原始回帰への憧れ、つまりは秘境ブームとやらがいかにして起こったのか？

これには主に二つの道筋がございます。ひとつ、これは先刻もちょいと触れましたが、敗戦直後の焼け野原、新児童雑誌乱立の時代に戻ってお話をしなければなりません。戦後、ご存じの通りマッカーサーの親分率いるＧＨＱがニッポンに出張《でば》ってまいります。ご親切にも文化政策ってぇヤツを徹底いたしまして、子どもの雑誌や本なども逐一厳しく検閲。平たく言えば勇ましいモノは全てダメを喰らいます。男の子に人気だった軍記軍事モノは当然ダメ。時代劇、特に仇討ちモノは絶対ダメ。柔道剣道など、武道モノも全部ダメ、と相成りまして、苦肉の策、かどうかは知りませんが、代わりに出たのが例の「怪魔」三本柱、秘境、ＳＦ、探偵モノでございます。取り分けて秘境モノは絶大な支持を受けまして、暗黒大陸アフリカを舞台にした絵物語、山川惣治の『少年王者』『少年ケニア』は売れに売れ、小栗虫太郎の魔境モノ、香山滋の秘境探検小説も大流行。六〇年代の秘境ブームは、この時代の少年文化の王道路線をそのまま引き継いだものだったようでございます。

そしてもうひとつ、六〇年代秘境ブームの直接の立役者となったのが、イタリアが生んだ反骨のドキュメンタリー映画作家、一名天才山師、あるいは鬼畜映画屋、かのグァルティエロ・ヤコペッティ御大でございます。彼方此方の奇習蛮習を、あることないことゴチャ混ぜに記録いたしました映画『世界残酷物語』は世界中でセンセーションを巻き起こし、この極東ニッポンにも秘境ドキュメントブームをもたらしまして、万博世代の子どもらにジャングルの熱い風を運んだのであります。

……といったところで、御大には後にも再登場願うといたしまして、ここらで世にも稀なる奇観異観の大パノラマの旅へとご案内。世界の果てまでお連れいたします。

←魔神像《まじんぞう》に巣《す》くっていた何億《なんおく》ものしろありの大群《たいぐん》。

緑《みどり》の地獄《じごく》アマゾンの黄金境《おうごんきょう》ベスタ＝グランデにそびえる黄金《おうごん》の大魔神像《だいまじんぞう》。高さは三十㍍、陽光《ようこう》をいっぱいにあびて光《ひか》りかがやいていた。これは、怪奇《かいき》な伝説《でんせつ》にいろどられたメキシコ＝インディオの子孫《しそん》モンテスマが、アステカ帝国《ていこく》のすべての黄金《おうごん》で作《つく》った、呪《のろ》いの魔神像《まじんぞう》なのだ。
とつぜん、人見《ひとみ》の眼前《がんぜん》で、像《ぞう》がばらばらにくずれ落《お》ちたかと思《おも》うと、何億《なんおく》もの食肉《しょくにく》しろありの大群《たいぐん》がとびだし、人見《ひとみ》におそいかかってきた。（一九五三年作《ねんさく》「ヴェスタ・グランデ」から。）

↓しろありの大襲撃におどろく人見十吉。

呪いの黄金境（1969年）／柳柊二

『ゴジラ』原作者、香山滋の秘境小説『ヴェスタ・グランデ』より。戦慄の昆虫大パニック！

←もろくもくずれ落《お》ちた黄金《おうごん》の魔神像《まじんぞう》。

呪《のろ》いの黄金境《おうごんきょう》

おそろしいあくまの川《かわ》

おそろしいあくまの川（1974年）／石原豪人

しつもん

いちどはいったら出《で》てこられない場《ば》しょは、ありますか。

南《みなみ》アメリカ《あめりか》のアマゾン《あまぞん》川《がわ》のおく地《ち》にあるマットグロッソ《まっとぐろっそ》というジャングル《じゃんぐる》は、いちどはいると、もう出《で》られないといわれています。

ジャングル《じゃんぐる》は、木《き》と木《き》がびっしりとしげっていて、たちまち方《ほう》がくがわからなくなってしまいます。

きた道《みち》をそのままひきかえしたつもりでも、いつのまにかちがった方《ほう》へすすんでいたり、おなじところをぐるぐるまわったりしているのです。

木《き》こ[illegible]

アマゾン《あまぞん》川《がわ》のたんけん

南米奥地のマットグロッソ。レヴィ・ストロース『悲しき熱帯』で脚光を浴びた人跡未踏の地

←アマゾン《あまぞん》のジャングル《じゃんぐる》

ても、木《き》や草《くさ》のせい長《ちょう》がはやくて、すぐにのびてしまうので、やくにたちません。

ここにはいったきり、もどってこられなかったたんけん家《か》が、これまでにたくさんいます。

日本には、「しょうにゅうどう」とよばれるほらあながたくさんあります。

だれでも中《なか》を見《み》にはいって行《い》けるようなほらあなもありますが、まだだれもたんけんしたことがないほらあなもたくさんあります。

ほらあなの中《なか》はぶきみな世界《せかい》です。まっくらやみの中《なか》を、きみのわるい音《おと》をたてて、コウモリ《こうもり》がとんでいます。

おたがいのからだを、ロープ《ろおぷ》でむすびあいながら、かい中電《ちゅうでん》とうでてらして、一歩《ぽ》一歩《ぽ》すすみます。

ときには、なわばしごをつかって、ふかいあなにおりることもあります。

どうくつの中《なか》には、山《やま》もあれば谷《たに》もあり、川《かわ》やみずうみもあります。

ときには、大《おお》きなビル《びる》もはいってしまいそうな大《おお》ひろまもあります。

岩手県《いわてけん》にある安家《あっか》しょうにゅうどうの中《なか》

光のないせかいへ（1974年）／前村教綱
ウルトラ怪獣画家、前村教綱先生が描く「鍾乳洞の探検」。コウモリたちもどこかしら怪獣風

死神《しにがみ》のはきだめ
った水にうかぶ無
の無気味な白骨に目
ばる人見十吉。
アラブ人の案内人

死神のはきだめ（1969年）／柳柊二

香山滋作『シャト・エル・アラブ』より。水死体からニョキニョキ生える冬虫夏草が不気味

重油を流したようによどんだ水の中に、難破船のざんがいや、おびただしい水死体がういていて、その白骨の目玉からは、怪奇な秘草といわれる冬虫夏草が茶色の芽を出していた。
ここは、チグリス川・ユーフラテス川の二つの大河が合流する大湿地帯の中、死に神の支配するシェト エル アラブだ。「死に神のはきだめ」とおそれられ、一度足をふみ入れた者は、二度と帰ることのできない魔境だった。
（一九五二年作 シェト・エル・アラブ から）

⬆死に神のはきだめにただようどくろ。

大秘境

↙馬霊教の本尊である大馬首像。

←熱狂的な信仰ぶりをどきどきしながらのぞき見する人見十吉。

大秘境めぐりにつかれはてた人見十吉は、日本に帰り、きずついたからだを東北の山深い秘湯にいやしていた。
ある日、大きな山くずれが起こってどうくつが現われた。好奇心にかられてどうくつの奥へはいった人見は、奇怪な大馬首像をくるったようにふしおがむ数百人の人々を見つけた。
「馬霊教だ！」人見はおもわずさけんだ。馬霊教は、霊馬を信仰し、五百年前、中国にはじまったが、皇帝に迫害されて地下にもぐった魔教だった。（一九四八年作「怪異馬霊教」から）

香山滋は、秘境探検の小説を書きつづける異色作家で、現在までに二百四十編にのぼる作品を発表し、その作品の世界は、怪奇と幻想にみちあふれている。東宝映画「ゴジラ」の原作者。一九四八年探偵作家クラブ賞を受賞した。

魔教の地下洞（1969年）／柳柊二

魔教《まきょう》の地下洞《ちかどう》
←燃えさかる妖火
←鍾乳洞の中に造
大拝殿で，馬首像
しおがむ信者たち。

こちらも香山滋『怪異馬霊教』より。東北の鍾乳洞に潜んで儀式を行う大カルト集団！

かい骨の影がうつ
『死のオーロラ』。

（一九四〇年作『遭難者』から。）

この北極圏のどこかで死んだ人間のおくれで死んだ人間のおくれの国がある。ところがこのオーロラがゆらゆらとくるったように、すぐに身もだえしかかってくるのだ。このそりに乗っているエスキモー人は、すでに死んでいるのだ。

凍死したエス
キモー人。

こったままの
エスキモー人。

御者も凍り
ついている。

白夜の死霊境（1969年）／小松崎茂

この特集の主人公は折竹孫七。世界の秘境や魔境を探検する青年探検家だ。彼は北極海から、南は太平洋のはてまで、折竹のいかない秘境は地球上どこにもない。

白夜の死霊境
びゃくやのしりょうきょう

大魔境《だいまきょう》

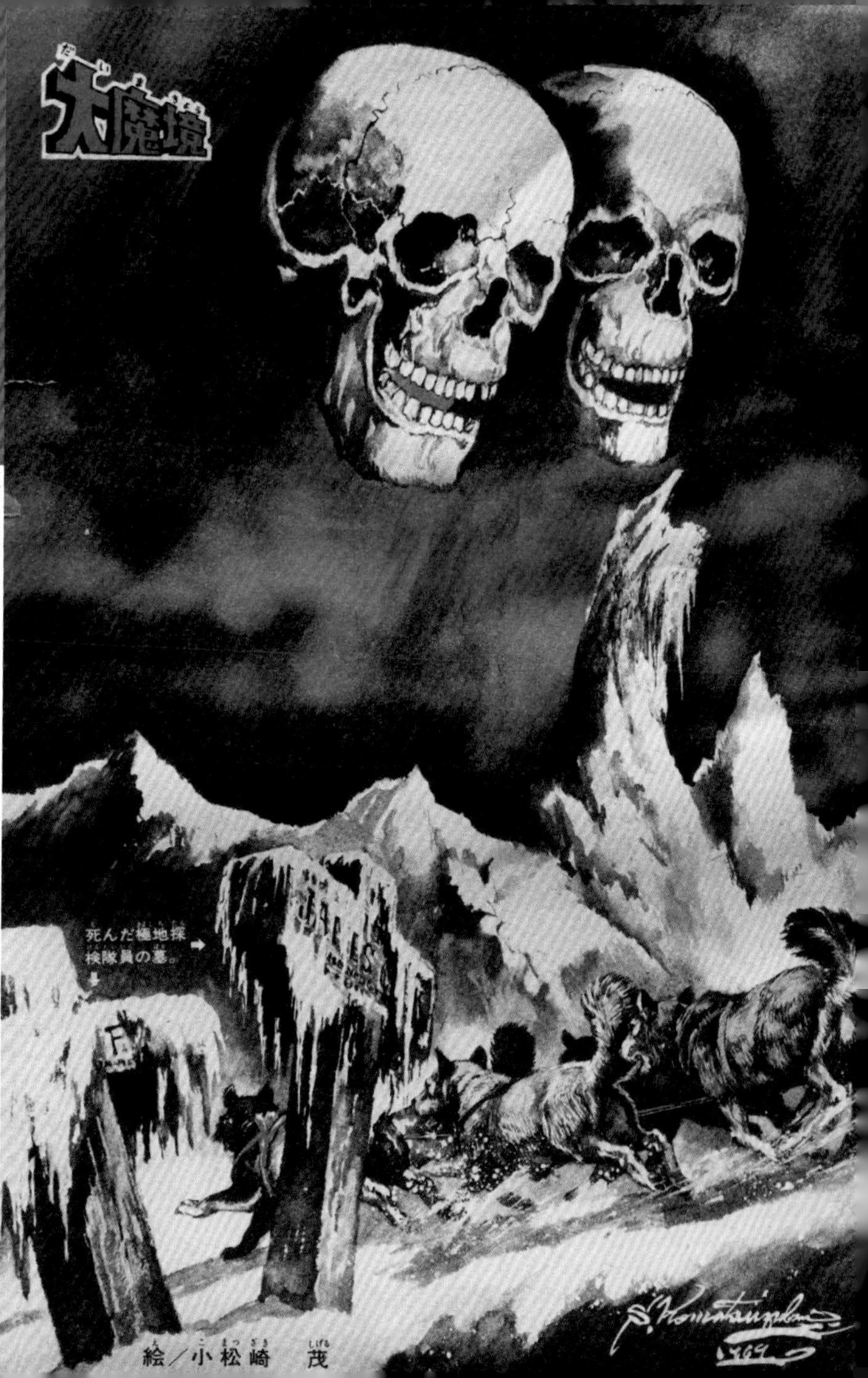

死んだ極地探検隊員の墓。

死者を乗せたソリが不吉なオーロラの下を疾走！　小松崎先生が描く小栗虫太郎の世界

絵／小松崎《こまつざき》　茂《しげる》

地獄《じごく》の竹林境《ちくりんきょう》
↓白骨化したひょう。
直径五十センチもある
巨大なもうそうちく。
おそろしさのあまり
たちすくむ折竹たち。
ラオスとビルマの国境地帯をのぼると人跡未踏の怪仙境「香獣谷（ジャトン）」があった。一年じゅう雨はやまず、十ぱ先も濃霧で見えない。まだけやもうそうちくは、地上にある猛獣の死体をつきぬけて巨大に異常成育していた。風がふくとたけどうしがすれあい数千の木琴をかきならすような音をたてた。これこそ世にもおそろしくもの悲しい竹林の交響曲だった。

地獄の竹林境（１９６９年）／桑名起代至

異常成長した竹が動物たちの死体を突き破る！　グロ描写が炸裂する熱帯雨林の地獄絵図

大魔境《だいまきょう》

絵／桑名起代至

↑異様な光景に目をみはる折竹孫七。

アラスカの北地にある巨大な火口湖「霧神の大口」をもとめて、何週間も氷原をさまよった折竹孫七は、ついに目ざす極北の湖にたどりついた。だが、湖の周囲はしだやらんや、名も知れぬ熱帯の大木がおいしげる大密林だった。その密林の中には、怪奇なとかげや恐竜の生きのこりがうろつきまわっていた。（一九四一年作「アメリカ鉄仮面」から。）

極地の熱帯境（1969年）／生頼範義

大《だい》魔《ま》境《きょう》

人跡未踏の地には今も恐竜が生きている？『恐竜の島』など、多くのＳＦ作品に登場するモチーフ

絵／生頼範《のり》義

大《だい》魔《ま》洞《どう》の墓《はか》場《ば》
アフリカのナイル川の水源地帯に、「悪魔の便所」とよばれるアフリカ最大の魔境がある。あたりは、山も谷も地下どうくつも、すべてまっ白な岩塩だ。地下のどうくつは、アフリカじゅうの巨獣の墓場で、かれきったゴリラの死体がたくさんあった。零下に近い寒さが折竹たちをおそった。死体に火をつけると、目や口からオレンジ色のほのおが燃えあがった。
（一九三九年作「有尾人」から。）
かれきったゴリラの死体に火をつける折竹。
大型《おおがた》シール登場《とうじょう》!!
どんどん送ってね
ハリスフーセンガム
（教育設備助成運動参加商品）
みんなで100種るい――これからもどんどんふえるよ!!
①のカードはおまけです！
①
おまけカード
②
③
④
（切りトリ線）
フーセン
ガム
フーセン
ガム

大魔洞の墓場（1969年）／南村喬之

洞窟の奥にあるゴリラの墓場。「寒いから」とゴリラのミイラに火をつける主人公。ヒドイッ！

ものすごいいきおいで燃えあがるゴリラの死体。
塩《しお》の柱《はしら》をはいまわる青みみず。
恐怖《きょうふ》にふるえる案内人《あんないにん》。
大魔境《たいまきょう》
南村喬之《みなみむらたかし》

でっかくなった
立体シールをあつめよう！
発売元 カネボウハリス株式会社

大秘境
ニューギニアの奥地にはいった人見十吉は、水のかれた川の川床一帯に横たわる怪肺魚の大群にどぎもをぬかれた。どの肺魚も、大きさは二㍍もあり、死んだように動かないからだからは、無気味な青白い光を発していた。それは、光る石ザウエルを胃の中に入れているからだった。のみこんだかたい食物を、この石ですりつぶして消化するのだが、この石は、一個で一億円もの価値のあるもっとも高価な宝石なのだ。（一九四八年作「肺魚の秘宝」から）
肺魚といっしょにくらす
原住民の美少女。胃の中に
ザウエルをもっている。
↑谷間にねむる肺魚。

怪魚の大峡谷（1969年）／柳柊二

←地上最高の価値ある宝
を見つけて喜ぶ人見十吉

香山滋「人見十吉」シリーズ『肺魚の秘宝』より。肺魚とは肺を備えた実在の古代魚

死峡《しきょう》の有翼人《ゆうよくじん》
←地の底から、つぎつぎと飛びでてくる有翼人。
つばさをもった人間をまのあたりに見て、びっくりする人見十吉。

死峡の有翼人（1969年）／柳柊二

ひえてかたまった溶岩
シャワ島《とう》のラオエ火山《かざん》の溶岩《ようがん》台地《だいち》には、地軸《ちじく》までとどくかとわれるほどの、深《ふか》くて巨大《きょだい》な地割《わ》れがあった。人見十吉《ひとみじゅうきち》が暗黒《あんこく》の底《そこ》をのぞこうとしたとき、地鳴《な》りのような震動《しんどう》が起《お》こり、こうもりににた巨大な生物《せいぶつ》が、何百《なんびゃく》となく暗黒《あんこく》の中《なか》からわき上《あ》がってきた。そのつばさは透明《とうめい》に近《ちか》く、からだは人間《にんげん》とまったく同《おな》じだった。それは、いまなお、この地《ち》に生《い》き残《のこ》る五百万年《まんねん》前《まえ》の有翼《ゆうよく》の原始人類《げんしじんるい》ホモ＝プチロプスだったのだ。（一九五四年作《ねんさく》「死峡《しきょう》の有翼人《ゆうよくじん》」から。）

襲いかかる「有翼原始人」の群れ！　香山滋「人見十吉」シリーズ『指峡の有翼人』より

のおく、神
エル＝ピエン
スにまよいこ
もうもうとふ
でうごめく半
を発見した。
数百年前、スペインの
ロに追いはらわれた
アンデグア族のかわりは
すがただった。沼からふき
のために、軟体人間《なんたいにんげん》に
かれらは、ここにまよい
人間や動物の血をすって
きたのだ。（一九四八年作《ねんさく》
ドウ」から。）

大型《おおがた》シール登場《とうじょう》!!
どんどん送ってね
リス フーセンガム
（教育設備助成運動参加商品）
かいシールだ　ペタリンコンとはろうじゃないか！
なで100種るい――これからもどんどんふえるょ!!
①のカードはおまけです！
ガムの中に入っている②③④のカードを集めて右の図を完成させましょう。（おまけカードは、2枚以上使うと無効です）
送りかた＝15円切手といっしょに封筒に入れて送ってください。
送り先――大阪市都島郵便局私書箱第3号「立体シールM係」
① おまけカード
②
③
④
（切りトリ線）
フーセンガム
フーセンガム
3枚入り…10円

軟体人間の沼（1969年）／柳柊二

軟体人間の
←おそってくる軟体人間を棒でふりはらう人見十吉。
でっかくなった
立体シールをあつめよう。
発売元 カネボウハリス株式会社

人の生き血を啜る「軟体人間」！　香山滋「人見十吉」シリーズ『エル・ドラドオ』より

死海の半魚人（1969年）／柳柊二

死海《しかい》の半魚人《はんぎょじん》
の髪をはやし、銀色のうろこを
もった怪魚が現われ、船の中に
ある死体をうばおうと、たがい
にあらそいはじめた。北洋の死
海にすむ緑毛半魚人だった。（一
九三五年作「黄金郷」から。）
大魔境

どこか艶かしい緑の髪の「半魚人」たち。小栗虫太郎『紅毛傾城』（『黄金郷』と改題）より

幻《まぼろし》の大《だい》魔《ま》鳥《ちょう》
南アメリカのラプラタ川上流の草原を調べていた博物学者は、あるあらしの夜、飛べない巨大な怪鳥におそわれ、にげながら写真にとった。一か月後、探検隊をつれて草原の大調査を行なったが、大怪鳥のすがたはどこにもなく、大きなたまごの化石が一個見つかっただけだった。
学者の錯覚だろうということになったが、写真だけは残っている。

幻の大魔鳥（1969年）／水木しげる

南米の草原で目撃されたという巨大怪鳥。水木しげる先生ならではのシュールな異界描写

人《にん》間《げん》樹《じゆ》林《りん》
樹木なのか、人間なのか。アマゾンの奥地には、死ぬと木になる人間がいるという。これは、緑色の血をもった人間で、死んで木になってからも、また、五十年とか百年とか生きるといわれている。
しかし、いいつたえはあっても、実際には、まだそのような人間は発見されていない。

人間樹林（1969年）／水木しげる

アマゾンの奥地に棲む「死ぬと木になる人間」。こちらも怪奇テイストあふれる水木作品

がいこつ巨鯨（1969年）／水木しげる

巨鯨
夜、どういう潮の流れのせいか、ふしぎな鳥とともに、奇怪な魚の群れが現われ、海岸にのしあがった。中でも、ひときわ巨大な骨だけのくじらがいて、満潮になると、ほかの怪魚を引きつれて沖へ出ていった。
近くにいた漁師の与吉は、船を出してもりを投げたが、くじらには通じなかった。

水木先生が描く巨大な「幽霊クジラ」。まるでシュールレアリスム絵画のような幻惑感

人魚の秘島
むかし、漁師があらしのために針路をあやまり、人魚のいる島にまよいこんでしまった。漁師の子どもは、人魚といっしょに泳いだが、うっかり足を出してしまったので、人間であることがわかって殺された。船も、うちこわされてしまった。
海をただよってきた木片に、そのようすがしるされてあり、いまも、多良島の神社にその木片が残っているという。
足を見せたために、殺された漁師の子ども
チボックスをあつめよう！
TCHBOX
TRUE-GUIDE
STEERING
15 フォルクスワーゲン1500
14 インクリフォ
137
人魚の秘島（1969年）／水木しげる

一見、平和で楽しげな「人魚の楽園」。だが、よく見ると子どもが殺されてるーっ！

■香山滋の作品から
■企画・構成／大伴昌司
■絵／柳柊二
➡タスマニア島沖にもぐった海底観測船をのぞきこむ両生原人オラン・ペッテ。
大秘境

大秘境（1969年）／柳柊二

香山滋作品をモチーフにした秘境画特集の扉絵。潜水艦から両生原人を目撃する人見十吉

ショッキング大図解
世界の食人種
恐怖の食人種を、本誌が
はじめて追跡大調査!!
人間が人間を食う
恐るべき、食人の風習ー
さすがに、いまではかげを
ひそめたが、ついさいきんま
では、地球上のあちこちで、食
人の儀式がおこなわれていた。
これは、少年キング編集部がさ
ぐった、食人種の恐怖報告だ!!
解説《かいせつ》・竹下一郎《たけしたいちろう》
構成《こうせい》・少年《しょうねん》キング図解班《ずかいはん》
え／石原豪人

世界の食人種（1968年）／石原豪人

出ました、「食人族」！
現在はダブーだが、当時の秘境モノには欠かせないネタだった

恐《きょう》怖《ふ》の食《しょく》人《じん》現《げん》場《ば》

一八六三年、南太平洋のニューブリテン[illegible]ランドにやってきた探検隊が[illegible]恐ろしい光景を目撃した。そこでは、食人種同士の戦闘がおこなわれ[illegible]おえると、勝者は戦場をかけめぐり[illegible]木の枝からつりさげ[illegible]ている。地上には、肉を焼く[illegible]かれ、次々と人[illegible]

いまなお伝《つた》わる食人《しょくじん》の習慣《しゅうかん》

人間《にんげん》が人間《にんげん》を食《く》う習慣《しゅうかん》は、世界各国《せかいかっこく》の神《しん》話《わ》や伝説《でんせつ》の中《なか》に記録《きろく》されている。

ギリシアのホメロスの詩《し》『イリアッド』には、食人種《しょくじんしゅ》ポリフェムスの物語《ものがたり》があるし、イギリスの『ウエールズ・トレーズ』という長《なが》い詩《し》には、毎週《まいしゅう》土曜日《どようび》に、男女《だんじょ》をひとりずつ殺《ころ》した[illegible]

コロンブスの伝《つた》えた食人種《しょくじんしゅ》

食人《しょくじん》の習慣《しゅうかん》を英語《えいご》で〝カニバリズム〟という。これはスペイン語《ご》の〝カニバル〟からきたものだ。コロンブスがアメリカを発見《はっけん》したさい、キューバにカリーブ族《ぞく》がいて、人間《にんげん》を殺《ころ》して食《た》べていた。そこでかれが、スペイン政府《せいふ》に〝カニバル〟が新大陸《しんたいりく》にいる、と報告《ほうこく》して広《ひろ》まったのだ。

恐怖の食人現場（1968年）／柳柊二

え／柳 柊二

「やっちゃってる」感にあふれたモロな一枚！ 柳柊二先生の容赦ない描写がエグい！

遺跡にあらわれた食人種

[illegible]

洞窟《どうくつ》で遺跡《いせき》を掘《ほ》っていたフランスのピラット博士《はかせ》は、傷《きず》が無数《むすう》にある人骨《じんこつ》を発見《はっけん》した。
この中《なか》に、食人種《しょくじんしゅ》が住《す》んでいたのではないかと、いわれている。

日本の食人種？

一八七七年《ねん》東京《とうきょう》・大森《おおもり》で、発見《はっけん》された貝塚《かいづか》からは、古代《こだい》の日本人《にっぽんじん》の生活《せいかつ》が明《あき》らかになったが、その中《なか》に、人《ひと》を食《た》べてうめたとおもわれる骨《ほね》も見《み》つかった。

食人戦争を目撃

ニューブリテン島へでかけた、オーストラリアの神父伝道師も、食人種に襲われた。神父たちが、ラバウルに上陸したとたん、食人種同士の戦争にまきこまれ、死体をうばいあっている光景を目撃してゾッとしたという。

食人現場を撮影

記録映画の制作者M・ジャソンは、ニューヘブリデス島で、人を食べているまっさい中のところをカメラにおさめた。食人部落へ無断撮影を敢行、土人が、光に目がくらんで、ひるんだすきに、うつしたのだ。

食われた伝道師

一八四五年、イギリスの伝道師が、ソロモン群島のイサベル島で、食人種に襲われ、おのや槍で殺された。そして30年後に、この島を訪れた探検家のW・ボーウェルズは、土人の首に、伝道師のつけていた十字架を見た。

人《ひと》くい人《じん》しゅはまだいる?

人くいじんしゅはまだいる?(1974年)/木村正志

「今でもいますか?」の質問に「ニューギニアにいます」とアッサリ答えているが……

しつもん

いまでも、人《ひと》くい人《じん》しゅは、いますか。

今《いま》から十年《じゅうねん》ほどまえ、ア《あ》メ《め》リ《り》カ《か》のマ《ま》イ《い》ケ《け》ル《る》・ロ《ろ》ッ《っ》ク《く》フ《ふ》ェ《え》ラ《ら》ー《あ》さんが、ニ《に》ュ《ゆ》ー《う》ギ《ぎ》ニ《に》ア《あ》のおく地《ち》をたんけんちゅうに、ゆくえ不明《ふめい》になってしまいました。

それから八年《ねん》ほどたって、ニ《に》ュ《ゆ》ー《う》ギ《ぎ》ニ《に》ア《あ》のおく地《ち》で、白《しろ》いワ《わ》イ《い》シ《し》ャ《や》ツ《つ》をきた黒人《こくじん》がみつかりました。

といつめると、村《むら》にきた白人《はくじん》をころして食《た》べたとはくじょうしました。

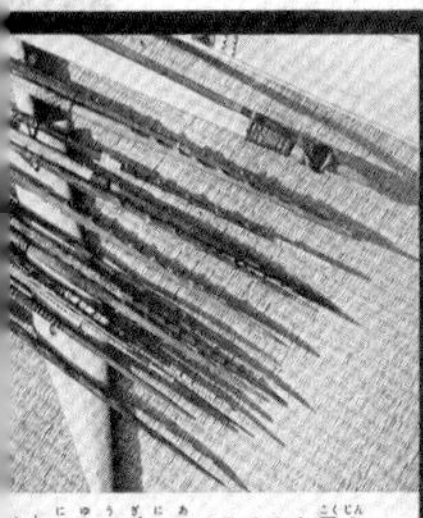

↑↓ニ《に》ュ《ゆ》ー《う》ギ《ぎ》ニ《に》ア《あ》のゆみやと黒人《こくじん》

↓ころがっている人《ひと》のほね

地底のねずみ浄土（1969年）／南村喬之

畑《はた》のまん中《なか》や野原《のはら》の草《くさ》かげに、ひょっこりあいた異様《いよう》なあなをのぞき見《み》ると、そこには、想像《そうぞう》もできない世界《せかい》があった。黄金《おうごん》にかがやく宮殿《きゅうでん》や水晶《すいしょう》をしきつめた道路《どうろ》に、無数《むすう》のねずみがいる。人間《にんげん》と同《おな》じ服《ふく》を着《き》て、人間《にんげん》と同《おな》じ生活《せいかつ》をしている。とめどなく黄金小判《おうごんこばん》のあふれるうすや、とりきれない果実《かじつ》。

地底《ちてい》の世界《せかい》にすむねずみたちは、豊《ゆた》かな毎日《まいにち》を送《おく》っていた。たまに人間《にんげん》が落《お》ちると、きずのなおるまで地底《ちてい》においてくれる。

地底《ちてい》になにがあるか、まだはっきりわからない。むかしの日本人《にほんじん》は、ここに豊《ゆた》かな世界《せかい》があって、地上人《ちじょうじん》の侵入《しんにゅう》をはばみながら生活《せいかつ》している者《もの》たちがいると考《かんが》えた。

「ねずみ浄土《じょうど》」もその一つだ。

（ねずみ浄土《じょうど》の分布《ぶんぷ》する地方《ちほう》＝東日本《ひがしにっぽん》の各地《かくち》。）

知られざる日本の異界。要するに昔話「おむすびころりん」に出てくるネズミの国

ミイラ即身仏（1969年）／南村喬之

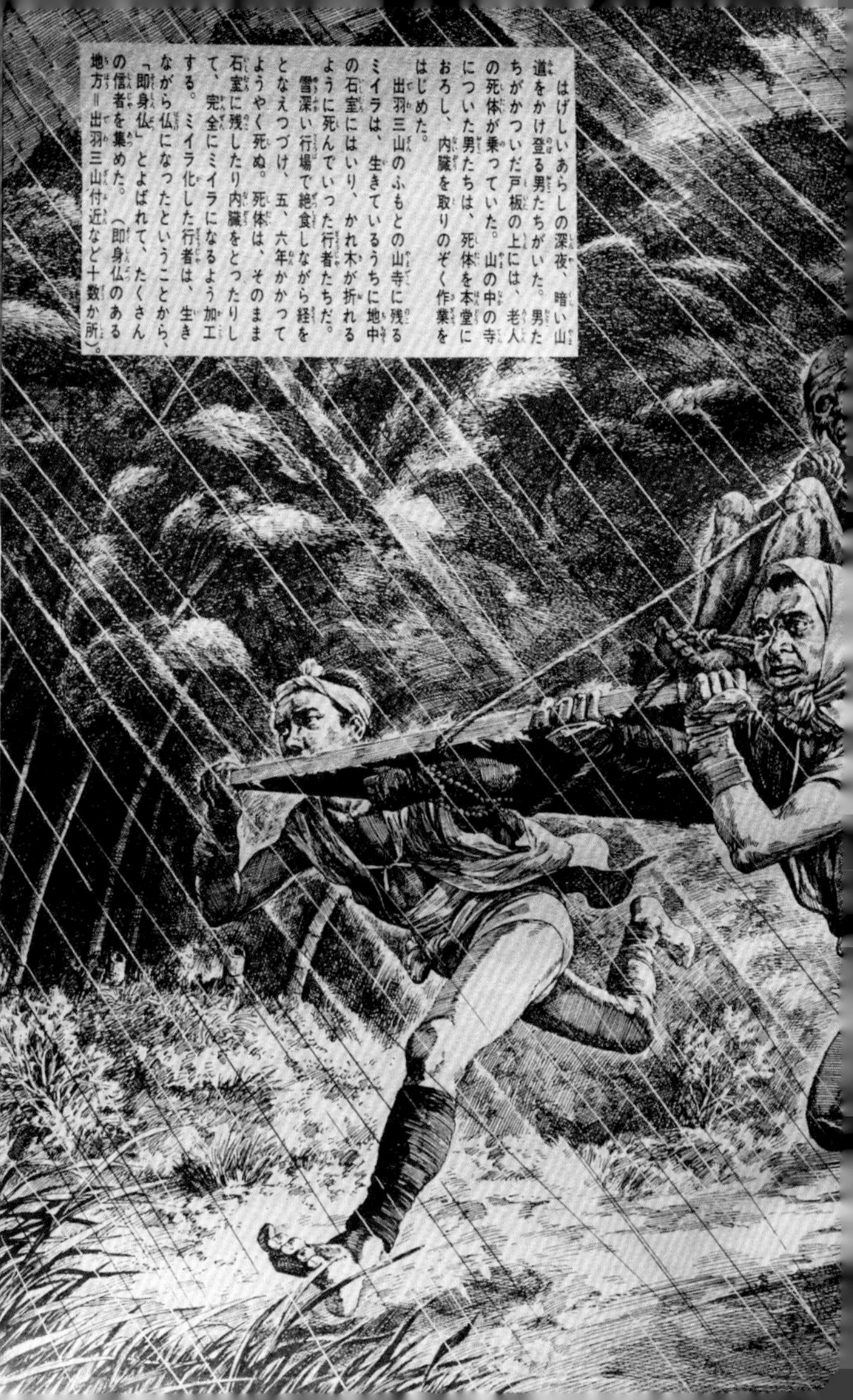
はげしいあらしの深夜《しんや》、暗《くら》い山道《やまみち》をかけ登《のぼ》る男《おとこ》たちがいた。男《おとこ》たちがかついだ戸板《といた》の上《うえ》には、老人《ろうじん》の死体《したい》が乗《の》っていた。山《やま》の中《なか》の寺《てら》についた男《おとこ》たちは、死体《したい》を本堂《ほんどう》におろし、内臓《ないぞう》を取《と》りのぞく作業《さぎょう》をはじめた。
出羽《でわ》三山《さんざん》のふもとの山寺《やまでら》に残《のこ》るミイラは、生《い》きているうちに地中《ちちゅう》の石室《いしむろ》にはいり、かれ木《き》が折《お》れるように死《し》んでいった行者《ぎょうじゃ》たちだ。
雪深《ゆきぶか》い行場《ぎょうば》で絶食《ぜっしょく》しながら経《きょう》をとなえつづけ、五、六年《ねん》かかってようやく死《し》ぬ。死体《したい》は、そのまま石室《いしむろ》に残《のこ》したり内臓《ないぞう》をとったりして、完全《かんぜん》にミイラになるよう加工《かこう》する。ミイラ化《か》した行者《ぎょうじゃ》は、生《い》きながら仏《ほとけ》になったということから、「即身仏《そくしんぶつ》」とよばれて、たくさんの信者《しんじゃ》を集《あつ》めた。（即身仏《そくしんぶつ》のある地方《ちほう》＝出羽《でわ》三山《さんざん》付近《ふきん》など十数《すう》か所《しょ》）。

「日本の秘習」特集で描かれた生きたままミイラになる「即身仏」。陰々滅々の筆致

人跡未踏《じんせきみとう》の深山《しんざん》の、妖気《ようき》ただよう岩山《いわやま》に、月《つき》の夜《よ》数万《すうまん》のねこが、全国各地《ぜんこくかくち》から集《あつ》まる。ねこは、体重《たいじゅう》が一貫目《いっかんめ》（約四キロ）をこすと、超能力《ちょうのうりょく》をそなえるといわれている。それは、各地《かくち》の「ねこ岳《だけ》」で修行《しゅぎょう》してくるからだ。
ねこは、一貫目《いっかんめ》をこすと、人間《にんげん》の知《し》らない「ねこ岳《だけ》」に行く。ここで山伏《やまぶし》のような修行《しゅぎょう》をし、神通力《じんつうりき》をさずかって、飼《か》い主《ぬし》のもとに帰《かえ》ってくるのだ。むかしの人《ひと》は、半年《はんとし》もゆくえ不明《ふめい》のねこが、げっそりとやせて帰《かえ》ると、一人《にん》まえのねこになった祝《いわ》いに赤飯《せきはん》をたいた。
ねこ岳《だけ》に人間《にんげん》が行くときは、やまいぬの絵《え》をかいた秩父三峰神社《ちちぶみつみねじんじゃ》のおふだを持《も》っていくという。（ねこ岳伝説《だけでんせつ》の分布地《ぶんぷち》＝秋田県鹿角郡猫《あきたけんかづのぐんねこ》山《やま》一帯《いったい》の農村《のうそん》。熊本県根子岳付近《くまもとけんねこだけふきん》。そのほか、山口県《やまぐちけん》、宮城県《みやぎけん》など）。
深山ねこ岳修行
TAKASHI
深山ねこ岳修行（1969年）／南村喬之

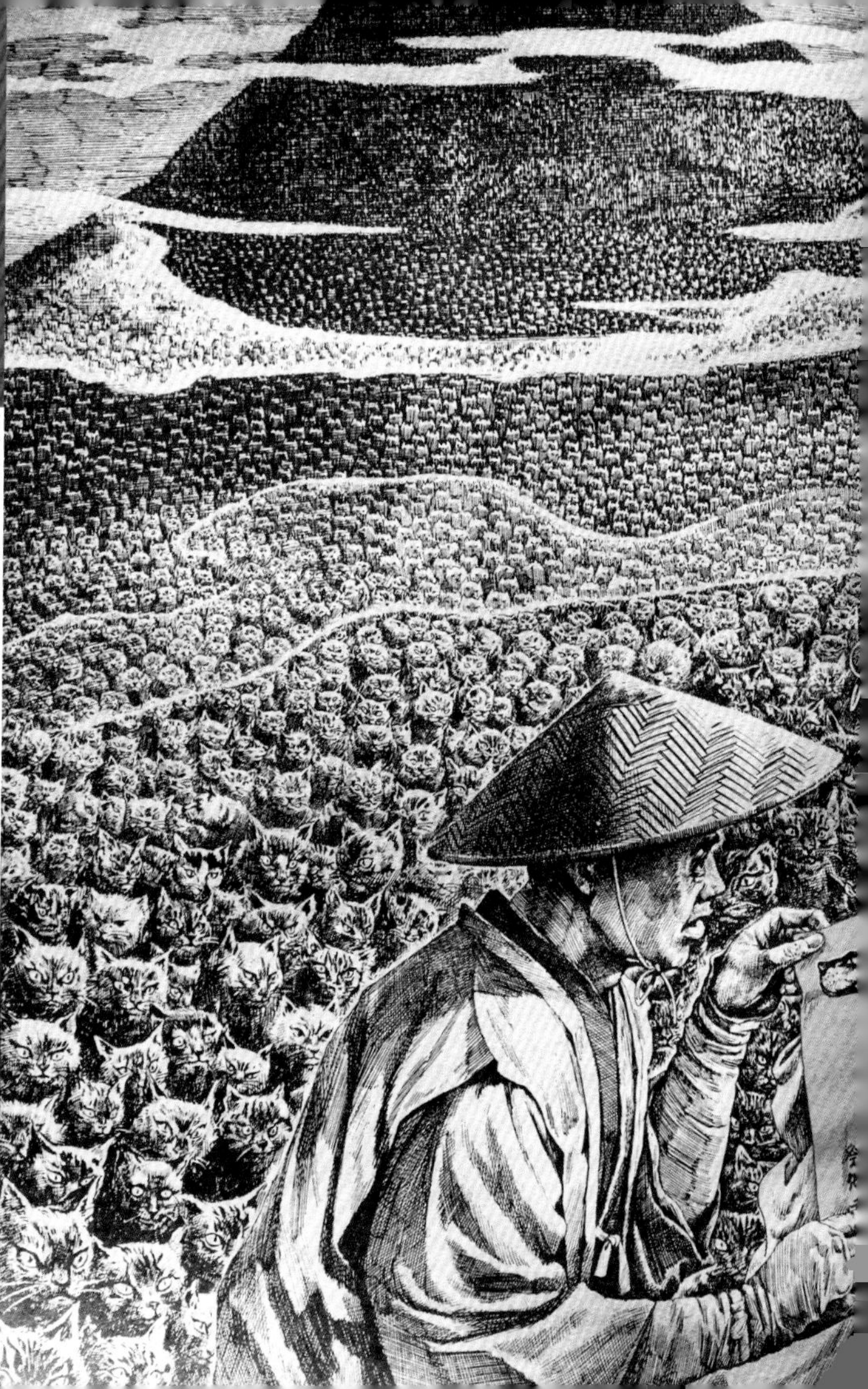

南村先生ならではの異界画。細かく描きこまれた「猫岳」を覆いつくすほどの猫集団に注目！

土蔵の中の密儀（1969年）／南村喬之

禁断の「かくし念仏」。実在する儀式で、秘密結社的組織内で行われる呪術的な密儀らしい

一けん家に、黒い人かげが集まってきた。集会《しゅうかい》が開《ひら》かれるのだ。「かくし念仏《ねんぶつ》」の見張《みは》り役《やく》の警戒《けいかい》する一けん家《や》の奥《おく》の土蔵《どぞう》の中《なか》で、ひとりの少年《しょうねん》が一心《しん》に念仏《ねんぶつ》をとなえている。少《しょう》年《ねん》は、まる一日《にち》暗《くら》い土蔵《どぞう》の中《なか》に正座《せいざ》しているのだ。やがて、少年《しょうねん》が疲労《ひろう》のためたおれると、智識《ちしき》とよばれる老人《ろうじん》が少年《しょうねん》の顔《かお》をしらべ、仏《ほとけ》と同《おな》じ表情《ひょうじょう》がでていれば、信者《しんじゃ》の組織《そしき》にはいれる。これは、七さいから十五さいまでに行《おこ》なわれるお取《と》り上《あ》げとよばれる儀式《ぎしき》だ。

かくし念仏《ねんぶつ》は、いまなお東《とう》北《ほく》の各地《かくち》に伝《つた》わっているが、信者《しんじゃ》以外《いがい》にはぜったいしゃべらないため、そのほんとうのすがたは、信者《しんじゃ》だけが知《し》っている。（かくし念仏《ねんぶつ》の分布《ぶんぷ》＝岩《いわ》手県《てけん》全域《ぜんいき》の農《のう》・山村《さんそん》。宮城《みやぎ》・福島《ふくしま》・山形《やまがた》・秋田《あきた》・青森《あおもり》各県《かくけん》の岩手県《いわてけん》寄《よ》りの山村《さんそん》各地《かくち》。）

【日本《にっぽん》の秘習《ひしゅう》・参考文献《さんこうぶんけん》】

- 狐猿随筆《こえんずいひつ》（柳田国男《やなぎだくにお》）
- 一ッ目小僧《めこぞう》その他《た》（柳田国男《やなぎだくにお》）
- 海上《かいじょう》の道《みち》（柳田国男《やなぎだくにお》）
- 日本《にっぽん》の憑《つ》きもの（石塚尊俊《いしづかたかとし》）
- 憑霊現象《ひょうれいげんしょう》と特殊家系《とくしゅかけい》（桑田忠雄《くわただただお》）
- 秘《ひ》められた世界《せかい》（毎日新聞社《まいにちしんぶんしゃ》）
- 日本民俗図録《にほんみんぞくずろく》（朝日新聞社《あさひしんぶんしゃ》）
- 民俗学辞典《みんぞくがくじてん》（東京堂《とうきょうどう》）

日本の秘《ひ》習《しゅう》
南村《みなみむら》喬之《たかし》
ペン画名作集《がめいさくしゅう》
企画《きかく》構成《こうせい》大伴《おおとも》昌司
うっそうとしげる森《もり》、低《ひく》くたれこめた山《やま》ぎり、じっとりとぬれた風土《ふうど》。雨《あめ》の多《おお》い日本《にほん》列島《れっとう》に住む日本人《じん》は、美《うつく》しい文化《ぶんか》を生《う》みだした。そして、信《しん》じられないような幻想《そう》と怪奇《かいき》の世界《せかい》も生《う》みだした。きみを、秘《ひ》められた日本《にっぽん》のミステリー・ゾーンに案内《あんない》しよう！

日本の秘習（1969年）／南村喬之

「日本の秘習」特集の扉絵。
単なるナマハゲも南村先生が描くとここまで不気味に……

異形

お次にご覧に入れますは、怪獣、怪人、狐狸《こり》妖怪の類。「親の因果が子に報い、二目と見られぬこの姿」と、江戸の昔より客寄せ口上の決まり文句にあります通り、怪しげな見世物に欠かせないのが異形のアレコレ。昭和は高度成長期に描かれましたる怪奇画も、ここが白眉にございます。なにしろその数の多いこと。子らの評判も上々で、当時の児童雑誌の恐怖特集といえば、多くがあさましき姿のバケモノ画でございました。本書ではちと毛色が違うということで省きましたが、やはり人気は円谷系の怪獣画。六〇年代中頃といえば怪獣ブームの真っ只中でございます。

サテ、怪獣とくればご存じ『ゴジラ』。一九五四年の映画に端を発しますが、さらにその親を辿りますと、これまた「怪魔」三本柱に行き着きます。まず父親はといえばSF、つまりは空想科学モノ。これ当然でございます。では母親はというと卑怯者、いえ、秘境モノということになるようで、『ゴジラ』原作者の香山滋は秘境探検小説の売れっ子作家。秘境モノには大蛇やら人喰い虎やら、怪獣じみた生物がつきもの。監督の本多猪四郎、特撮監督の円谷英二両先生の念頭には一九三三年の映画『キングコング』があったそうですが、この『キングコング』もさしずめ秘境怪獣映画でございまして、秘境の地へと土足で踏み込んで未開を蹂躙する文明への、未開の側からの復讐の様相を呈しておりました。

そしてここにもう一つ、怪獣を生んだ大きな要因、一つの因果がございます。映画公開のわずか九年前に終結したばかりの太平洋戦争、人々のなかにまだ生々しく残る、その記憶と傷でございます。「水爆大怪獣」と銘打たれた『ゴジラ』発想のキッカケは、米国の水爆実験による第五福竜丸の被曝事件。ストロンチウム90を撒き散らし、東京を空襲直後さながらに破壊しつくす『ゴジラ』こそ、ニッポン人がようやく覚めたばかりの戦争の悪夢が再び形を成した恐怖と絶望の化身。親の因果が子に報う……のであれば、『ゴジラ』の因果もまた巡り巡るもの。映画公開同年、「再び軍を持つのか？」という人々の杞憂をよそに、我が国ニッポンに自衛隊が発足いたします。

怪獣は『ゴジラ』に端を発すというものの、ドカンとブームとなりましたのは、さらに二〇余年の時を経た六六年、ご存じ『ウルトラマン』登場の年でございます。怪獣モノなら何でも売れるってんで、テレビ、出版、玩具業界は怪獣景気に沸き立ちますが、それもつかの間、わずか二年ほどで第一次怪獣ブームはあえなく終息。代わって天下を取りましたのが、ニッポン古来の妖怪変化。水木しげる先生の『ゲゲゲの鬼太郎』アニメ化に至り、世は空前の妖怪ブームとなりまして、子どもらは『怪獣図鑑』を『妖怪図鑑』に持ち替えて、映画『妖怪大戦争』も満員御礼。

ここに集めましたのは、怪獣から妖怪へとブームが移ろう、その潮目に生け捕りましたる奇怪千万なバケモノどもにございます。怪獣妖怪入り乱れ、さらには異国のモンスター、果ては謎の生物ＵＭＡまで、昭和の闇夜をまかり通りました魑魅魍魎の百鬼夜行をしかと御覧じろ。

流《りゅう》星《せい》怪《かい》獣《じゅう》
SPACE EXPLORER
流星怪獣の大群
「あっ、流星怪獣の大群だ。」
ビビビビ……全宇宙船に、警戒せよ！の警報がなりひびいた。だが、発見がわずかにおそかった。光の尾を長くひいて、ぐわあっとおそいかかる流星怪獣のむれに、宇宙船はまっかに焼けただれ、一つ、また一つと、とけていく。
司令船は、なんとかこの危地から全宇宙船を脱出させようと、けんめいになった。だが、むだだった。その司令船も、ついに大流星怪獣のほのおをあびて、とけはじめていったのだ。

流星怪獣（1967年）／小松崎茂

流星怪獣とぶつかった宇宙船団。
RESCUE

小松崎先生作の宇宙生物。設定はよくわからないが、とにかく闇雲な迫力とスピード感！

ター
怪獣星ベムスターにすむ
きょうふ怪獣
ロケット恐竜
ロケット恐竜は宇宙人がロケット攻撃をするときにつかう怪獣だ。背中につんだロケット砲をうちこんでから、あいての陣地にのりこみ、ふみつぶしてしまう。
つばさ竜
空からの攻撃がとくいで、つばさで宇宙船を飛行不能にしてしまう。尾でしめつけ、するどい足のつめで船体をひきさき、探検隊員を危機におとしいれる。
べムいそぎんちゃく
べムいそぎんちゃくは、足が地面にはりついているので、移動はできない。大目玉でえものをみつけ、さっとからだをのばしてつかみかかるきょうふ怪獣だ。
「おっ。地球ににた星があるぞ！
ていさつ隊が着陸するとどうじに、
かげから、見たこともない怪生物が
現。とりかこまれて隊員がさらわれ
しまった。ここは地球をはるかはな
た、かに星雲の怪獣星ベムスターな
だ。探検隊、緊急脱出せよ！

怪獣星ベムスター（1967年）／藤尾毅

「ベムスター」といえば『帰ってきたウルトラマン』だが、これは放映4年前の作品

あれは……？」
んだアメリカン・フット
強力《きょうりょく》な催眠光線《さいみんこうせん》をあびせた。
パチパチまばたきしながら
をうって逃げまどう人間《にんげん》を、じっとみ
いっせい攻撃《こうげき》。
苦痛《くつう》に苦しみも
を流《なが》した。

催眠光線を放つ　巨大眼球ベム（1970年）／山本耀也

え・山本耀也

J・ハンター・ホリーのSF小説の一場面。『空飛ぶ眼』は『光る目の宇宙人』のこと

キングコング

ガオーッ　世界一の怪力をほこる怪獣の王者キングコングと、剣龍ステゴザウルスの死闘！

南太平洋のある島で、猛獣狩りの一行がまよいこんだジャングルのおく地は、1億年前の世界、原始怪獣境であった。

原始怪獣境の死闘（1967年）／小松崎茂

原始怪獣境の死闘

でっかーくよくのびる
オ・バケ
フーセン
ハリスガム

東宝版映画とアニメによって67年は「コング」ブームに。躍動感に満ちた小松崎版「コング」！

ステゴザウルス
世界の王者キングコング//
＊オレンジの味
＊バナナの味
＊ヨーグルトの味
ハリスの旋風が
テレビでもすごい人気！
毎週木曜日よる７時～７時30分
フジテレビほか全国ネットで放送中
発売元 カネボウハリス株式会社

世界《せかい》の王者《おうじゃ》
キングコング
カラー大特集
★世界一強いキングコングの出現から大かつやくまでを特集！
●目は直径六十センチ。光を出す。
●声ときは、大地もくだく。
脳みそ
重さが3,000トンあり、怪物としては頭がいい。
●腕力は、インドぞう20万頭分。一にぎりで戦車はぐしゃぐしゃ。手のひらには、20人がのれる。
たいこむね
共鳴ぶくろ
戦いに勝つと鳴らし、十キロ四方にひびく。
●足のふむ力は、一平方メートルあたり二万トン。一ぺけりで大型タンカーが千メートルもふっとぶ。
構成・大伴昌司
はり金の毛
するどいので、かんのあなあけに使える。
キングコング強さのひみつ
キングコングは強い！せたけ四十五メートル、重さ二万五千トンで、この巨体からくりだすパンチは、なんでもこなごなにうちくだいてしまう。
また、原始の島――モンド島で生まれただけあって、からだは鉄のようにがんじょうだ。だから、どんな強敵をも、負かしてしまう。キングコングの強さは世界一なのだ。

世界の王者キングコング（1967年）／石原豪人

どこかユーモラスな豪人版「コング」。
「毛は缶の穴あけに使える」という解説は必要？

大怪獣キングコング（1967年）／南村喬之

4月5日《がついつか》からテレビ放映開始《ほうえいかいし》！
（毎週水曜日午後7時30分、NET・MBS・KBCテレビから放映
ひみつ画報
大怪獣《だいかいじゅう》キングコング
キングコングはぼくらの味方《みかた》
キングコングをさしずするボビー少年。
©1966 RKO General, Inc. Videocraft Int'l., Ltd.
ニューヨークの大つり橋ブルックリン橋がとつぜんひびわれた。橋の上を走っていた自動車のあるものは横転して火をふき、あるものはハドソン川へなげだされた。あわや橋はまっ二つとおもわれたしゅんかん、十万トンもささえる怪力キングコングが、ボビー少年にみちびかれてあらわれ、大つり橋をがっちりとささえた。
絵・南村喬之

南村版「コング」も大暴れ。
「ボビー少年」は当時人気だったテレビアニメ版の主人公

たて！　いかれ！　キングコング（1967年）／石原豪人

たて！いかれ！
キングコング
絵・石原豪人
ねむり薬入りの酒とも知らずにのむキングコング

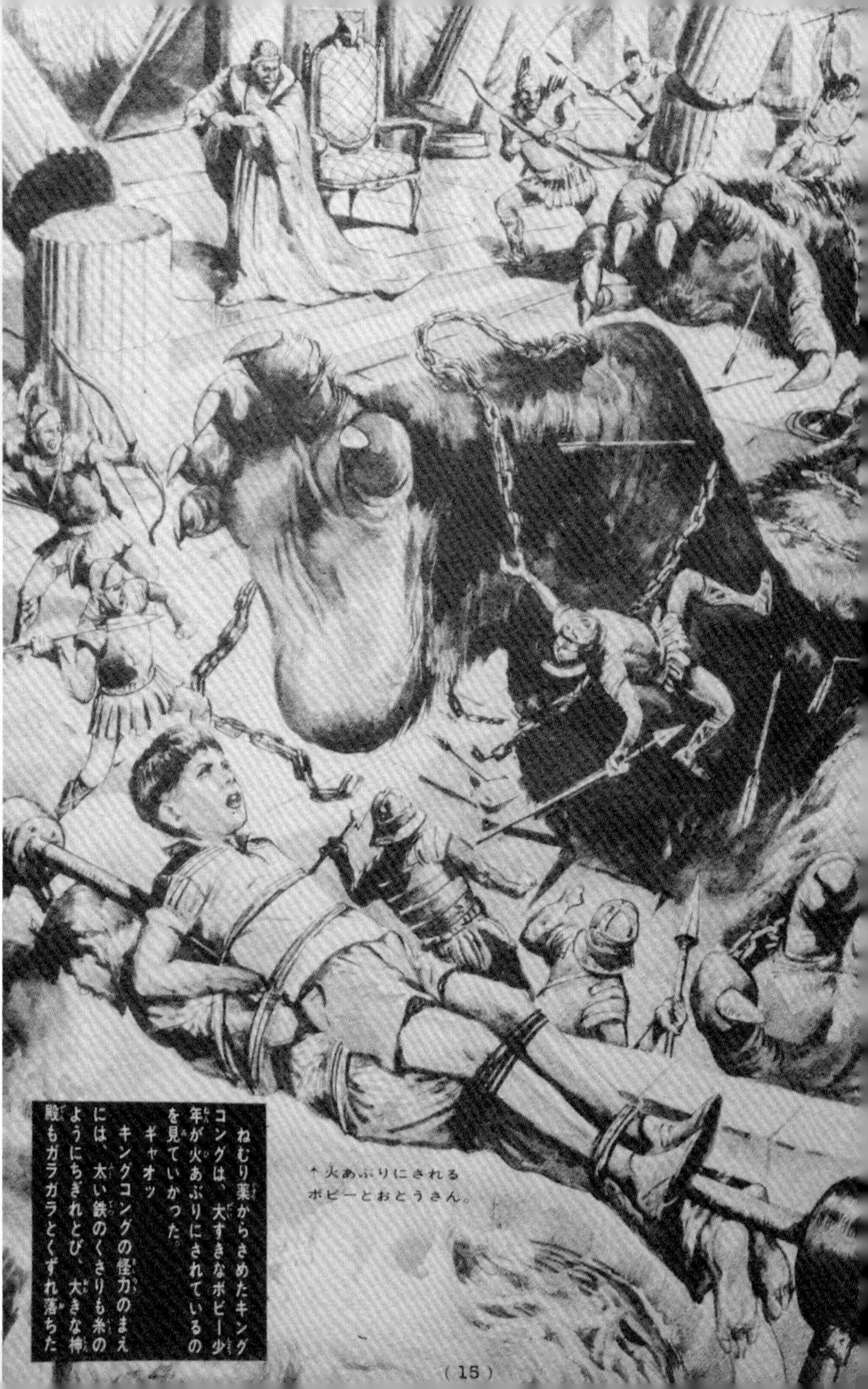
ねむり薬からさめたキングコングは、大《だい》すきなボビー少《しょう》年《ねん》が火《ひ》あぶりにされているのを見《み》ていかった。
ギャオッ
キングコングの怪力《かいりき》のまえには、太《ふと》い鉄《てつ》のくさりも糸《いと》のようにちぎれとび、大《おお》きな神《しん》殿《でん》もガラガラとくずれ落《お》ちた
↑火あぶりにされるボビーとおとうさん。
（15）

こちらもアニメ版に基づいた豪人先生の「コング」。豪人風味炸裂の恐怖テイスト

キングコング　南海の大血戦！　魔王だこを倒せ（1967年）／南村喬之

キングコング
南海の大血戦！
魔王《まおう》だこをた
パスッ　シューッ　大だこがすみをはこうとしたしゅんかん、キングコングの強烈な左ストレートが、たこの顔面に命中した。
ここは、キングコングがすんでいる南海のモンド島の沖、海の魔王とおそれられる大だこに、タンカーがおそわれた。これを見つけたキングコングが、救助にかけつけたのだ。
いかりくるうキングコングと魔王だこの血闘は、はてしなくつづく……。
Kanebo カネボウ
テレビでもすごい人気！
ハリスの旋風《かぜ》
毎週木曜日よる7時～7時30分
フジテレビほか全国ネットで放送中

南村先生が描く「コングVS巨大タコ」。殴られて墨を吐き出すタコがなんだかカワイイ

★恐怖のバンパイヤがズラリ。雑誌の王者サンデーがはなつショック特報!!
またまた登場《とうじょう》!! 迫力《はくりょく》名画《めいが》でおくる怪奇大画報《かいきだいがほう》!!
世界の変身怪人
ワニ男
迫力 すごい!! 名画
きちがい生物学者が、特殊の放射線をワニにあて巨大化。これに、人間の脳をうえつけ、水陸両用の怪人をつくった。
これがワニ男。せたけは3メくらい。するどい歯でかみくだき、ふつうのワニの10倍の強さだ。

世界の変身怪人（1967年）／石原豪人

豪人先生お得意の怪人画。
怪人は怪奇探偵小説から派生したモチーフで、絵物語にもよく描かれた

日本の変身怪人（1967年）／石原豪人

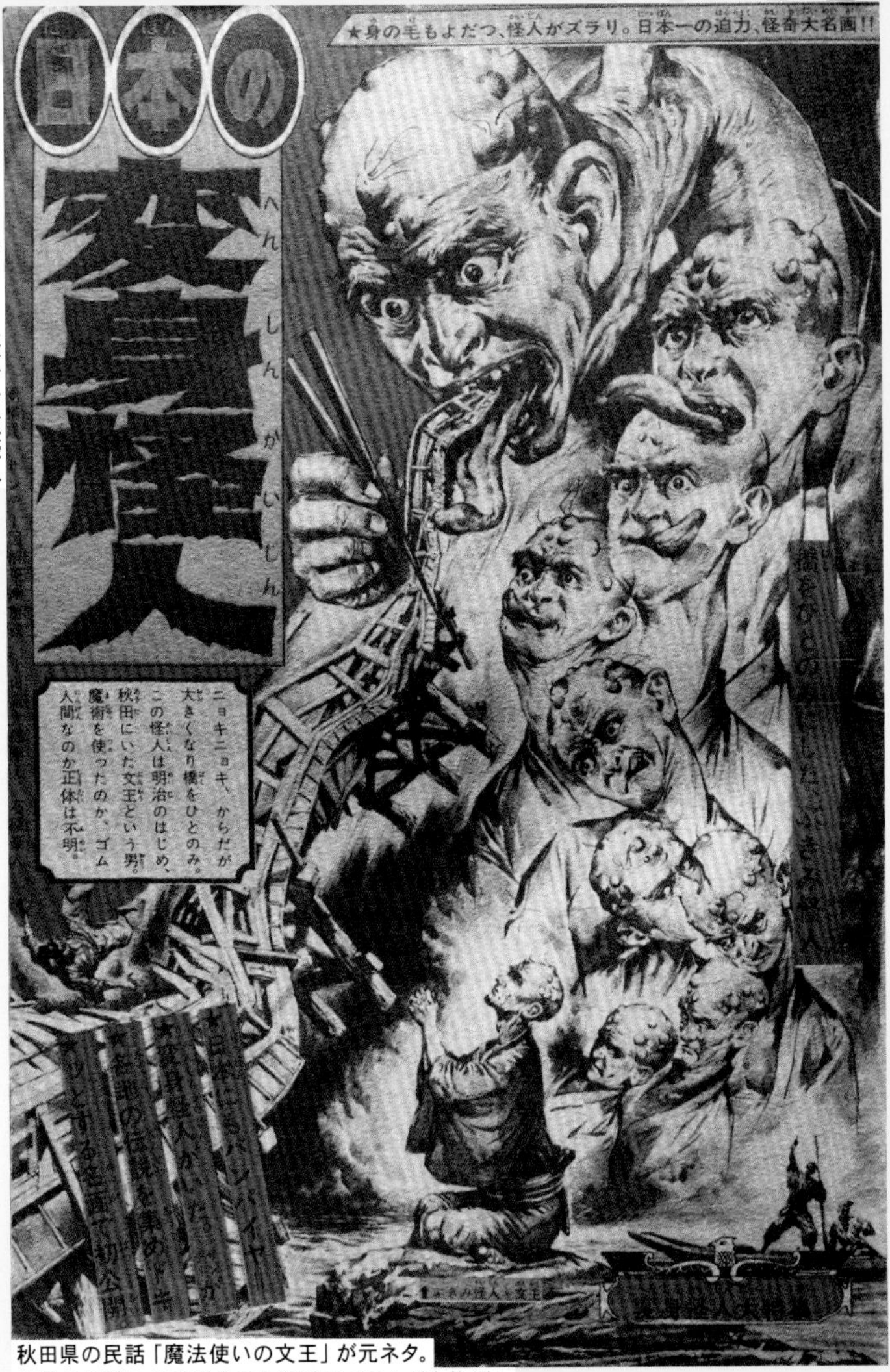
★身の毛もよだつ、怪人《かいじん》がズラリ。日本《にっぽん》一の迫力、怪奇大名画!!
日本の
変身怪人《へんしんかいじん》
ニョキニョキ、からだが大きくなり橋をひとのみ。この怪人は明治のはじめ、秋田にいた文王という男。魔術を使ったのか、ゴム人間なのか正体は不明。

秋田県の民話「魔法使いの文王」が元ネタ。
昔話の挿絵には不似合いな猟奇テイストが大炸裂！

鳥人来襲《ちょうじんらいしゅう》
↑宇宙基地《うちゅうきち》をおそう鳥人《ちょうじん》
グワーン　とつぜん、ドームが火柱をふきあげた。つばさで空を飛ぶ宇宙鳥人が、宇宙のはての名もない遊星にある宇宙基地をおそってきたのだ。
「フライングマン部隊、ただちにむかえうて!」。
小型ロケットをせおい、つぎつぎと飛び立つフライングマン部隊と、鳥人軍の決戦の火ぶたはきっておとされた。くらい空に、熱線銃の光がいりみだれ、火花をちらした。宇宙のはてで、人間と鳥人の死闘がつづく――。

鳥人来襲（1967年）／小松崎茂

←炎上《えんじょう》する
宇《う》宙《ちゅう》基《き》地《ち》。
←鳥人《ちょうじん》をむかえうつ
フライングマン。

小松崎先生が描く異形の者どもの襲来。どこか気品漂う顔つきの賢人風「鳥人」たち

こおり人間（1967年）／小松崎茂

こおり人間
見
わたすかぎり氷におおわれた遊星で、ぱあっと白い霧のかたまりのようなものがふきわたってきた、と思うまに、見る見るそれはおそろしい人間の形となって、つかみかかってきた。
「ぎえっ、こおり人間の襲撃だ！」
もがく宇宙パイロットのひとりが、そのままの形でこおってしまった。熱線銃で応戦したがおそく、宇宙パイロットたちは、つぎつぎにこおりついていった。
こおった宇宙パイロット。

ギリシア彫刻のような「氷人間」に襲われ「ぎえっ！」と叫ぶ隊員たち

放射能大怪人　巨人獣（1967年）／石原豪人

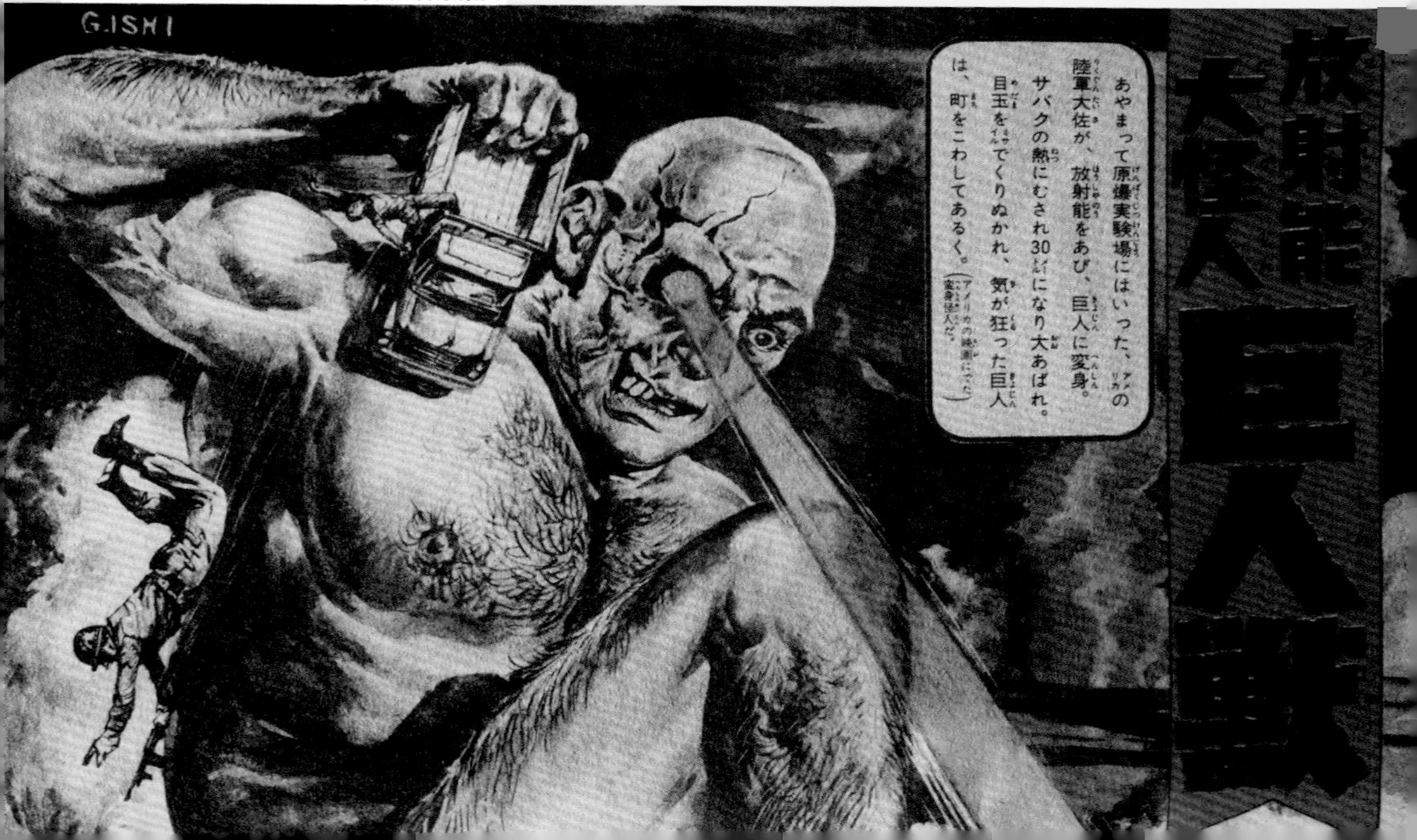
放射能大怪人巨人獣
G.ISHI
あやまって原爆実験場《げんばくじっけんじょう》にはいった、アメリカの陸軍大佐《りくぐんたいさ》が、放射能《ほうしゃのう》をあび、巨人《きょじん》に変身《へんしん》。サバクの熱《ねつ》にむされ30メートルになり大《おお》あばれ。目玉《めだま》をミサイルでくりぬかれ、気《き》が狂《くる》った巨人《きょじん》は、町《まち》をこわしてあるく。
（アメリカの映画《えいが》にでた変身巨人《へんしんきょじん》だ。）

ドドーン!! くりぬかれた目玉から放射能の鋭い光をだし、巨人獣は大あばれ!!
こびと怪人
鉄砲でねらわれるサイクロップ博士
怪医師サイクロップ博士は、特殊液で小人をつくることに成功が、小人に変身された人間から、鉄砲で復しゅうされる。（アメリカ映画にでた、こびと怪人）
え・梶田達二
え・石原豪人

だ、大丈夫かな、これ？　封印作品になった『ウルトラセブン』の「スペル星人」と同じネタだけど……

あたまはハエからだは人間!! ハエ男、出現(1967年)/石原豪人

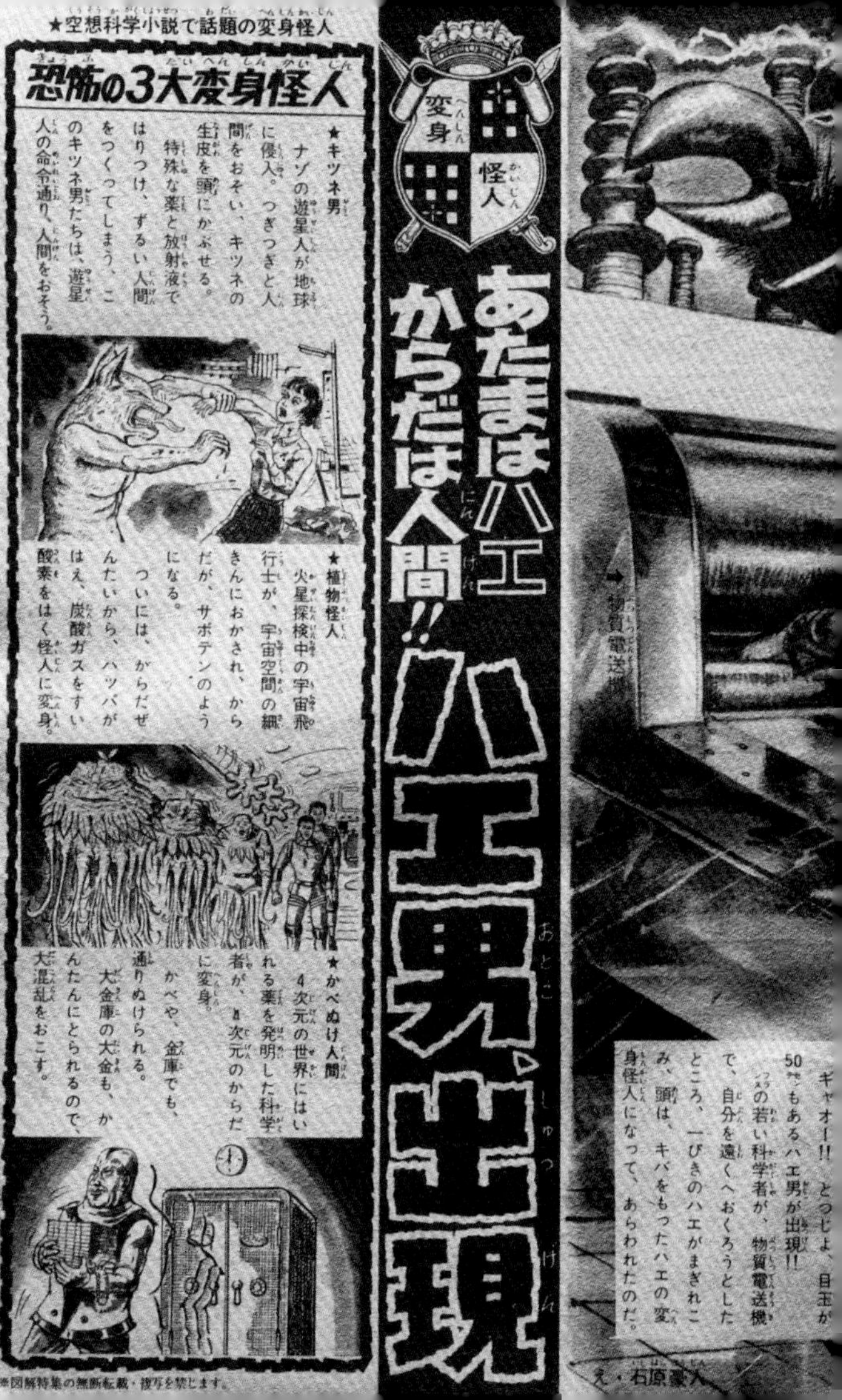

★空想科学小説《くうそうかがくしょうせつ》で話題《わだい》の変身怪人《へんしんかいじん》

恐怖《きょうふ》の3大変身怪人《たいへんしんかいじん》

★キツネ男
ナゾの遊星人《ゆうせいじん》が地球《ちきゅう》に侵入《しんにゅう》。つぎつぎと人間《にんげん》をおそい、キツネの生皮《なまかわ》を頭《あたま》にかぶせる。特殊《とくしゅ》な薬《くすり》と放射液《ほうしゃえき》ではりつけ、ずるい人間《にんげん》をつくってしまう。このキツネ男たちは、遊星人《ゆうせいじん》の命令通《めいれいどお》り、人間《にんげん》をおそう。

★植物怪人《しょくぶつかいじん》
火星探検中《かせいたんけんちゅう》の宇宙飛行士《うちゅうひこうし》が、宇宙空間《うちゅうくうかん》の細《さい》きんにおかされ、からだが、サボテンのようになる。

ついには、からだぜんたいから、ハッパがはえ、炭酸《たんさん》ガスをすい酸素《さんそ》をはく怪人《かいじん》に変身《へんしん》。

★かべぬけ人間《にんげん》
4次元《じげん》の世界《せかい》にはいれる薬《くすり》を発明《はつめい》した科学者《かがくしゃ》が、4次元《じげん》のからだに変身《へんしん》。

かべや、金庫《きんこ》でも、通《とお》りぬけられる。大金庫《だいきんこ》の大金《たいきん》も、かんたんにとられるので、大混乱《だいこんらん》をおこす。

変身《へんしん》怪人《かいじん》

あたまはハエ からだは人間《にんげん》!! ハエ男《おとこ》出現《しゅつげん》

ギャオー!! とつじょ、目玉が50センチもあるハエ男《おとこ》が出現《しゅつげん》!!

の若《わか》い科学者《かがくしゃ》が、物質電送機《ぶっしつでんそうき》で、自分《じぶん》を遠《とお》くへおくろうとしたところ、一ぴきのハエがまぎれこみ、頭《あたま》は、キバをもったハエの変身怪人《へんしんかいじん》になって、あらわれたのだ。

え・石原豪人

※図解特集の無断転載・複写を禁じます。

映画『ハエ男の恐怖』をヒントにしたと思われる怪人画。腕力はジャイアント馬場の5倍！

小人《こびと》道化師《どうけし》の妖計《ようけい》
おどろきさわぐ参会者《さんかいしゃ》の貴族《きぞく》や金持ちたち。
絵・小松崎　茂

ふくしゅうする小人の道化師。→

宙づりにされ火をつけられた王さまと大臣たち。

生まれつき足がねじれているので、かえるのようにぴょんぴょんとんで歩く小人の道化師を、王さまや大臣たちは、ばかにして大わらいした。

小人にきらいな酒をむりにのませたり、親友の小人の少女をけとばしたりして、小人の道化師がかなしむのを見てたのしんだ。

ある夜、城の大広間《おおひろま》で仮装舞踏会《かそうぶとうかい》が開かれた。小人は王さまや大臣たちにゴリラの仮装をすすめた。本物らしくタールをぬり、麻糸《あさいと》の毛をうえつけ、くさりを輪にしてしばって、大広間になだれこむと、着かざった貴族や金持ちたちは、ひめいをあげてにげまわった。

やがて、てんじょうから一本のロープがさがってきて、ゴリラのくさりをひっかけて、するするとつり上げてしまった。そのゴリラに、小人がきいきいわめきながら、火をつけたのだ。宙づりの王さまと大臣たちは、たちまちまっかなほのおにつつまれて息たえた。いつのまにか、道化師と少女《しょうじょ》のすがたは見えなくなっていた。（「小人がえる」から）

ポーの小説『小人がえる』より。この作品、現在は『ぴょんぴょんガエル』と改題されている

ガイコツ大怪人《だいかいじん》
城《しろ》の宝は、わたさぬぞ!!　ガイコツ怪人は、
タツマキをおこし、おそいかかった!!

ガイコツ大怪人（1967年）／石原豪人

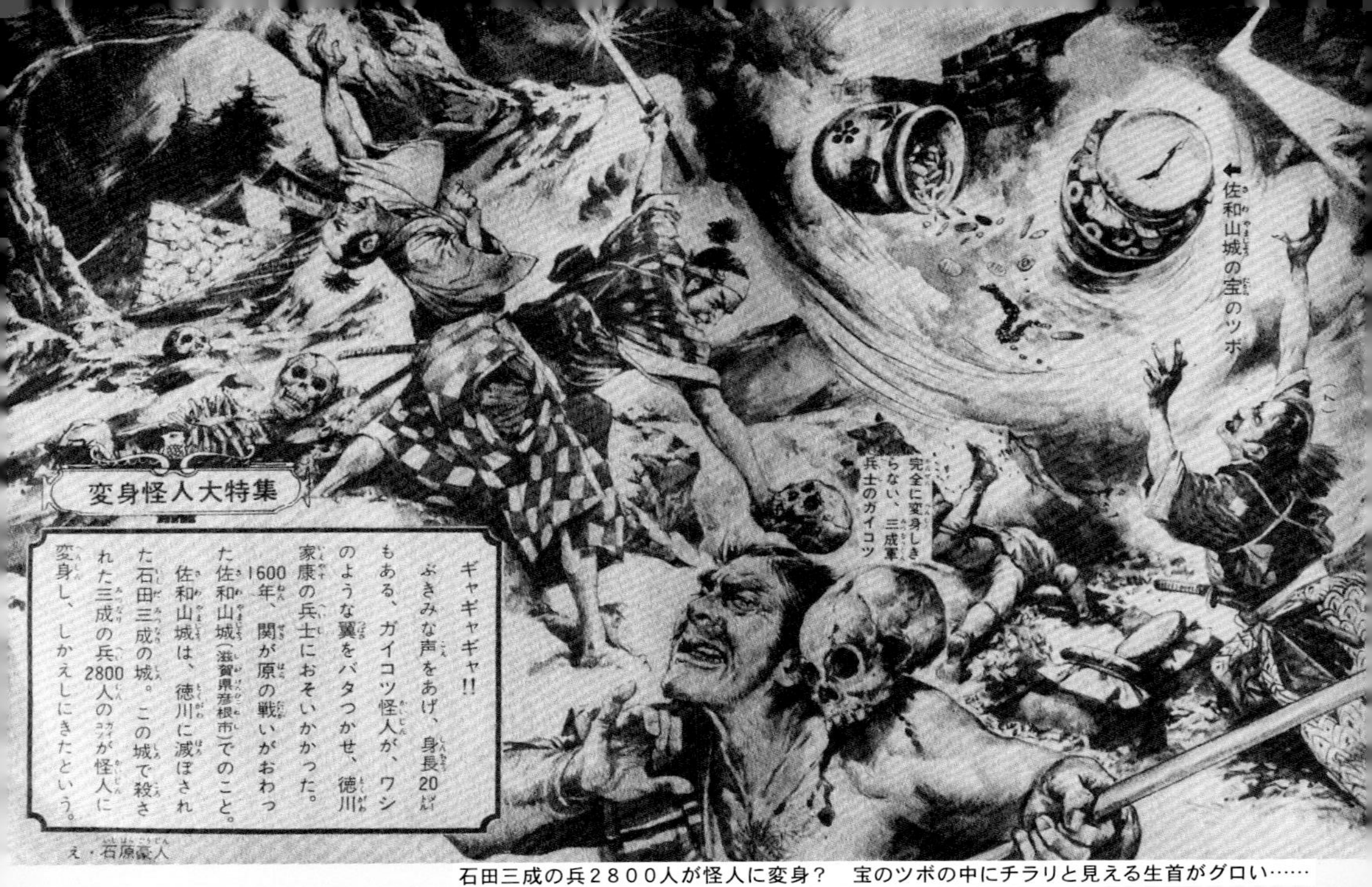

変身怪人大特集
ギャギャギャ!! ぶきみな声《こえ》をあげ、身長《しんちょう》20㍍もある、ガイコツ怪人《かいじん》が、ワシのような翼《つばさ》をバタつかせ、徳川《とくがわ》家康《いえやす》の兵士《へいし》におそいかかった。
1600年《ねん》、関《せき》が原《はら》の戦《たたか》いがおわった佐《さ》和《わ》山城《やまじょう》(滋賀県彦根市《しがけんひこねし》)でのこと。
佐《さ》和《わ》山城《やまじょう》は、徳川《とくがわ》に滅《ほろ》ぼされた石田《いしだ》三成《みつなり》の城《しろ》。この城《しろ》で殺《ころ》された三成《みつなり》の兵《へい》2800人《にん》の骸骨《ガイコツ》が怪人《かいじん》に変身《へんしん》し、しかえしにきたという。
え・石原豪人《いしはらごうじん》
⬅佐和《さわ》山城《やまじょう》の宝《たから》のツボ
完全《かんぜん》に変身《へんしん》しきらない、三成軍《みつなりぐん》兵士《へいし》のガイコツ

石田三成の兵２８００人が怪人に変身？　宝のツボの中にチラリと見える生首がグロい……

日本 怪竜忍者（1967年）／石原豪人

大ガマ、大蛇、大ナメクジになって大死闘!!
日本《にっぽん》怪竜忍者《かいりゅうにんじゃ》
正月東映映画でも、この話をもとに「怪竜大決戦」が上映される。
児雷也《じらいや》にふんした松方弘樹さんが、ガマに変身《へんしん》するところ。
ヘビ忍者・大蛇三郎
戦国時代《せんごくじだい》（いまから500年まえ）。じゅ文《もん》をとなえると、大怪竜《だいかいりゅう》に変身《へんしん》する3人《にん》の忍者《にんじゃ》がいた。
★児雷也《じらいや》⬇大ガマに変身《へんしん》。
★大蛇三郎《おろちのさぶろう》⬇大蛇《だいじゃ》に変身《へんしん》。
★綱手姫《つなでひめ》⬇ナメクジに変身《へんしん》。
秘剣《ひけん》をうばいあって3人《にん》は、怪竜《かいりゅう》になって大死闘《だいしとう》!!
ガマはヘビによわいので、児雷也《じらいや》は三郎《さぶろう》にまけそうになるが、綱手姫《つなでひめ》は児雷也《じらいや》を助《たす》け、ナメクジになって大蛇《だいじゃ》を退
え・石原豪人《いしはらごうじん》

この時代、怪獣映画風の特撮忍者モノが流行。本作は映画『怪竜大決戦』公開にあわせて描かれた

忍者《にんじゃ》は変身怪人《へんしんかいじん》だ!!
オオカミ男《おとこ》・風魔小太郎《ふうまこたろう》
戦国時代、小田原の北条氏につかえていた、風魔小太郎という忍者。身長2.37メートル、口はさけ、4本のキバがあったという。これは、西洋にいた変身怪人「オオカミ男」と同種の男ではないか、といわれている。
おこると身の毛がたち、木をかじる訓練で、キバがはえたのではないか？

忍者は、変身怪人だ!!（1967年）／前村教綱

風魔小太郎は伝説に残る異形の忍者。
「実は狼男だった！」という珍説が展開されている

暗黒の魔王ドラキュラ（1967年）／南村喬之

パノラマ図解劇場
おそるべき吸血鬼のすべて！
暗黒《あんこく》の魔王《まおう》ドラキュラ
ようこそドラキュラ城へ
ドラキュラ
ドラキュラ城
構成・大伴昌司／絵・柳　柊二／ペン画・南村喬之

南村先生が描く吸血鬼ドラキュラ。
ハマー映画版主演のクリストファー・リーをモデルにしている

ドラキュラののろいをとく法《ほう》
➡血をすわれたきばのあとは、焼けた鉄で焼くと、消える。やけどはするが、のろいはとける。

➡聖水（キリストにそなえた清らかな水）をかけて、からだを清めると、のろいはからだからぬけていく。

➡のろいをかけたドラキュラを殺せばのろいはとける。だが、ドラキュラを殺すことはかんたんにはできない。

➡ドラキュラに血をすわれて、のろわれると、血がけがれる。そこで、輸血してよごれた血をきれいにする。

こうもりにばけてまどからしのびこんだドラキュラ。

吸血鬼がはいってこないように、魔よけに使われたにんにく。


吸血鬼ドラキュラ（1967年）／南村喬之

吸血鬼《きゅうけつき》ドラキュラ
ハーカーに追われて婚約者を墓場へつれていくドラキュラ。
ドラキュラに
すわれて苦し
ーカーの婚約
「きゃっ」女が悲鳴をあげたときは、もうドラキュラに血をすわれていた。女は弁護士ハーカーの婚約者だった。ハーカーに吸血鬼の正体を見破られたドラキュラは、ロンドンにいるハーカーの婚約者を吸血鬼にしてふくしゅうしようとしたのだ。ハーカーにおわれたドラキュラは、テレパシーで婚約者をつれだし、自分の墓場へ運んでいくのだった……
暗黒《あんこく》の魔王《まおう》ドラキュラ

猟奇風味たっぷりのドラキュラ急襲場面。美女の首筋に穿たれた牙の痕がむごたらしいっ！

天空の怪異
争《あらそ》う風神《ふうじん》と雷獣《らいじゅう》
にわかに空が曇ったかとおもうと、大雷雨が、そして、暴風が……。ああ、おそろしい妖怪の対決が天空ではじまったのだ。京の都をかみなりで焼きつくそうとする雷獣、そうはさせまいと強風で対抗する風神。雷獣は全神から火花をちらしつつ、いなずまで風神をうちぬこうとする。都をおわれた菅原道真のうらみがこもった雷獣の一撃に、さしもの風神もおいまくられていく——。
日本の怪異
大妖怪

天空の怪異　争う風神と雷獣（1968年）／南村喬之

絵／南村喬之

有名なモチーフ「風神と雷神」ではなく、なぜか「雷獣」。「風神」の顔もこの上なく凶悪

日本の怪異　大妖怪（1968年）／南村喬之

妖怪特集の扉絵。
歌川国芳の錦絵「相馬の古内裏」をモチーフにした南村先生の傑作！

日本の怪談　大妖異（1968年）／南村喬之

妖怪特集の扉絵。
「ぎょえ〜っ！」という叫び声が聞こえてきそうなオッサンの表情がイイ

入道と一つ目入道が、京都をお
って大あばれ。黒入道は、つめ
山をけずり、長い舌で町や建物
こわす。一つ目入道は、もとは
んだくれの坊主で、人間を１日
50人もとって食べたという。
黒入道
日本巨大妖怪史
前世紀の鬼神　だいだらぼっち
日本の前世紀時代に、各地の山々にすんでいたとてつもなく大きな鬼神。
その身長は、三千㍍にもおよんだ。歩いた足あとは、湖になり、こしかけた塚は山になったという。
のまぼろし大仏
寛政十年（一七九八）京都に建てられた大仏殿が、徳川氏の手で焼かれた。
このとき、まっ昼間なのに、巨大な大仏が、ほのおに乗って
18

古都の怪異　怪入道　都を襲う（1968年）／石原豪人

ビジュアル文庫
はこちらからご
けます。

ジュアル文庫

青幻舎のHPでは出版物のほか、
関連イベント情報をご覧いた
だけます。

青幻舎HP

ご購入のご案内

ついて]

店やネット書店へご注文いただくか、もしくは青幻舎オンライン
ご利用ください。小社へ直接電話にてご注文いただくことも可能

いて]

ラインショップ、または電話にて小社へ直接ご注文いただく場合、
60円(税込)となります。ただし、ご注文品の定価合計が5,500円以
、送料無料とさせていただきます。
注文いただく場合、お支払い方法は代金引換のみとなります。

のご注文：075-252-6766
ンラインショップからのご注文
hop.seigensha.com

青幻舎オンラインショップ

ただいた書籍に乱丁、落丁がありました場合は、小社宛に着払いにてお送りください。
てお取替えさせていただきます。

幻舎 | 京都市中京区梅忠町9-1 | TEL：075-252-6766　FAX：075-252-6770
a.com | 東京都千代田区神田錦町3-14-3-6F | TEL：03-6262-3420　FAX：03-6262-3423

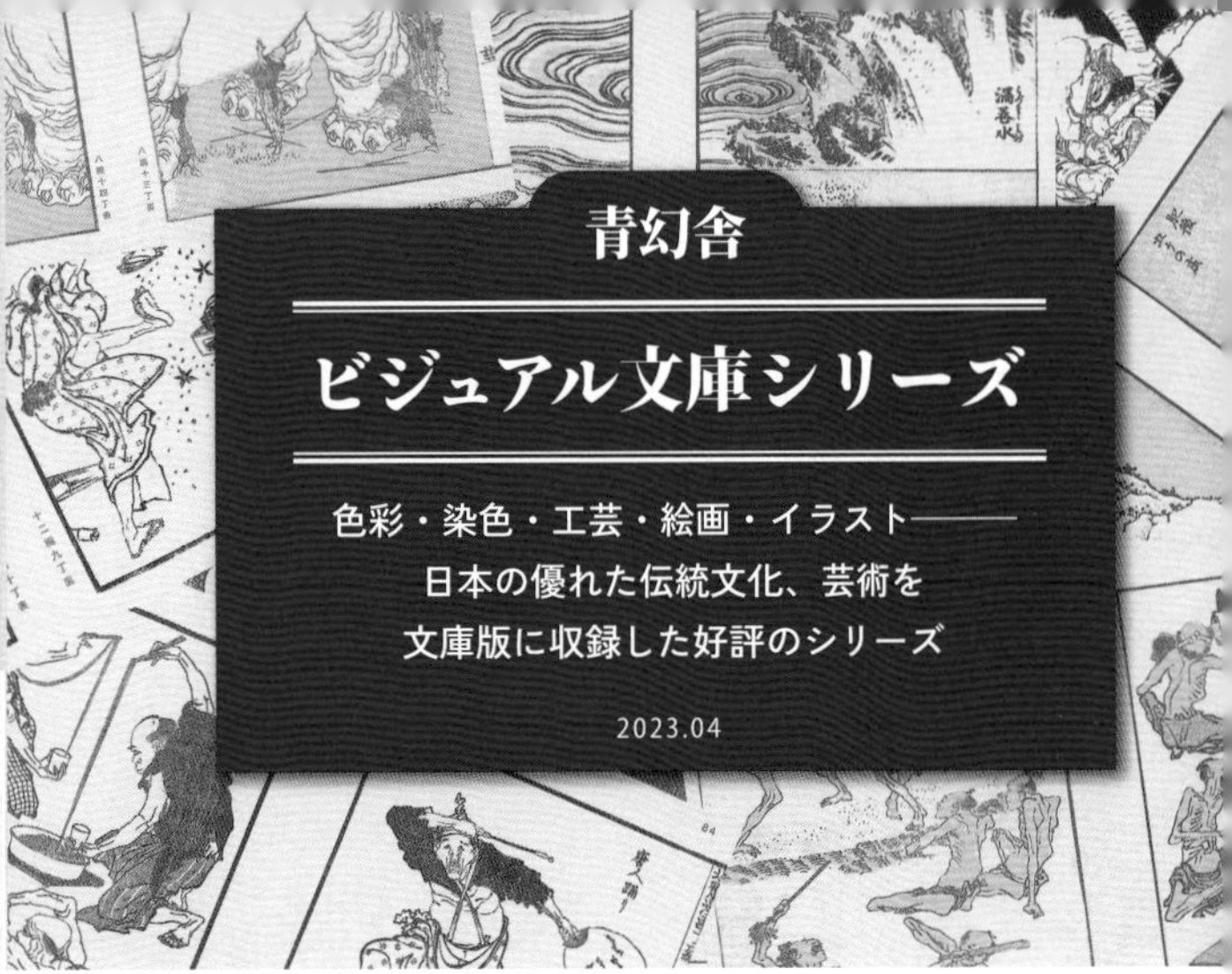

青幻舎

ビジュアル文庫シリーズ

色彩・染色・工芸・絵画・イラスト——
日本の優れた伝統文化、芸術を
文庫版に収録した好評のシリーズ

2023.04

人気ランキング

1

配色事典

大正〜昭和初期のモダンな色づかい348パターンを収録。

和田三造 著
352頁／定価1,650円

2

暁斎絵本

画狂人・河鍋暁斎の知られざる魅力が凝縮した「絵本」より傑出の224点を収録。

日野原健司 著
太田記念美術館 監修
288頁／定価1,760円

3

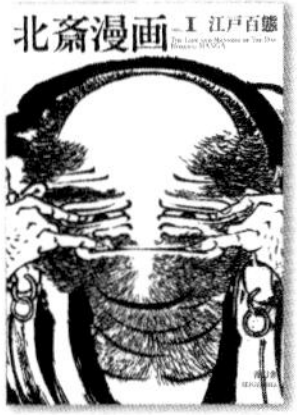

北斎漫画　第一巻

『北斎漫画』(全15編)を文庫サイズに再編集した全三巻のシリーズ。

葛飾北斎 著
352頁／定価1,650円

浮世絵

江戸の悪
浮世絵に描かれた悪人たち

「悪人」を描いた浮世絵を、悪人度＋解説とともに約100点収録。

渡邉晃 著
太田記念美術館 監修
296 頁／定価 1,650 円

怖い浮世絵

背筋が凍る。有名絵師の腕冴えわたる「恐怖の名作」約100選。

日野原健司／渡邉晃 著
296 頁／定価 1,650 円

いろは判じ絵

江戸時代に大流行した「絵で見るなぞなぞ」。当時の遊び心が詰まった約500問を紹介。

岩崎均史 著
324 頁／定価 1,650 円

妖怪萬画　第一巻

なぜ、妖怪が、かくも愛嬌たっぷりに描かれたのか？妖怪画のなぞを解く。

和田京子 著
288 頁／定価 1,650 円

商業デザイン

昭和ちびっこ広告手帳

昭和40年代の児童向け雑誌に掲載された広告ページを収録。

おおこしたかのぶ 他 編
288 頁／定価 1,320 円

昭和ちびっこ未来画報

昭和の子どもたちが空想した、懐かしの21世紀像。

初見健一 著
272 頁／定価 1,320 円

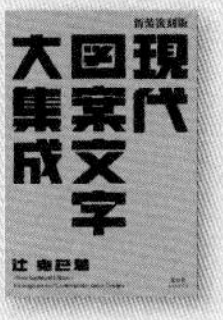

新装復刻版
現代図案文字大集成

昭和のベストセラー図案文字集、新装復刻！

辻克己 著
336 頁／定価 1,650 円

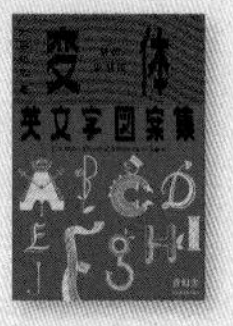

新装復刻版
変体英文字図案集

60年代に考案された楽しく、美しい英字の世界。

大沼知之 著
276 頁／定価 1,650 円

新装改訂復刻版
実用手描文字

図案家たちが生み出した、描き文字500点以上を収録！

姉崎正広 著
256 頁／定価 1,320 円

日本のポスター

明治から昭和初期のポスターデザイン229点を収録。

並木誠士／和田積希 著
288 頁／定価 1,650 円

色彩

新版 日本の伝統色

染料・古染法・色調などを収載、和洋色名対照一覧表・参考文献・英名・巻末色見本付。

長崎盛輝 著
328 頁／定価 1,650 円

和の文様

新版 日本の文様①

伝統の繍技の解説と併せて新しい表現を探る、必携の図案集。

紅会 著
256 頁／定価 1,320 円

染と織の文様

江戸から大正にかけての着物文様250点を集成、日本の染織文化の粋を色鮮やかに繰り広げます。

城一夫 解説
256 頁／定価 1,320 円

陶芸・その他

古伊万里入門

伊万里の誕生から爛熟期まで。文庫サイズの決定版、遂に登場。

佐賀県立九州陶磁文化館 監修
256 頁／定価 1,320 円

新装版 標本の本

一般公開されていない地下収蔵室のさまざまな標本を豊富な写真とわかりやすい解説で紹介。

村松美賀子／伊藤存 著
280 頁／定価 1,650 円

その他
シリー
覧いた

[ご注文に
お近くの
ショップ
です。

[送料につ
青幻舎オ
全国一律
上の場合
電話にて

● お電話
● 青幻舎
https:

万一、ご購入
送料小社負担

株式会社 青
www.seigen

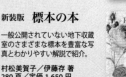

古都の怪異

怪入道《かいにゅうどう》 都《みやこ》を襲《おそ》う

「巨大入道」のやりたい放題で京都壊滅！ 人間を「1日に50人」も喰い殺すらしい

12キロもある千葉《ちば》の大《おお》赤《あか》えい

である千葉県野《ちばけんの》島崎沖《じまざきおき》には、体長《たいちょう》が三里（十二キロ）もある大赤《おおあか》えいがすんでいた。島《しま》とまちがえて上陸《じょうりく》した人《ひと》が巨大《きょだい》な目玉《めだま》を見て、はじめてえいと知り、大《おお》あわてで海《うみ》にとびこんだ。

怪光《かいこう》を発《はっ》する飛騨《ひだ》の青《あお》さぎ

青《あお》さぎは、江戸《えど》時代《じだい》の末《すえ》に、飛騨（岐阜県）の山中《さんちゅう》に現《あら》われた。からだ全体《ぜんたい》が満月《まんげつ》のように青白《あおじろ》く光《ひか》り、背《せ》たけが五丈（十五メートル）もあり、大きなはねで飛騨の山々を飛びまわっていた。

樹木の怪異
妖樹《ようじゅ》ジャングル
▶植物の妖怪は、中国から伝わってきた◀▶ものが多い。室町時代以前にとくに多◀▶かったが、江戸時代になると、人間妖◀▶怪が植物や動物妖怪にとってかわった。◀
・片葉のささ＝武士に左うでを切られて死んだ女が、ささになった。切られた片うでのように、葉が
→人食いやなぎ＝この木の下を通る人をとらえて食べる。えだをおると、血がしたたる。
↑妖かえで＝空洞の中に木がはえ、黄金のはちがすみつき、女のなくような声を出す。
絵／南村喬之
日本《にっぽん》妖樹史《ようじゅし》
三十三間堂《げんどう》の怪《かい》やなぎ
京都の三十三間堂を建てるとき、巨木を熊野の山からきり出した。千年の樹齢をもつやなぎの妖木で、夜な夜なやなぎの精が出て、木をきりに来た役人にきらないよう願ったという。
さかさすぎ
えだが、すべて下向きについている怪すぎ。京都知恩院にある。親鸞が、つえをさかさにして地面に立て、ほうっておいたものがこの大木
(20)

樹木の怪異　妖樹ジャングル（1968年）／南村喬之

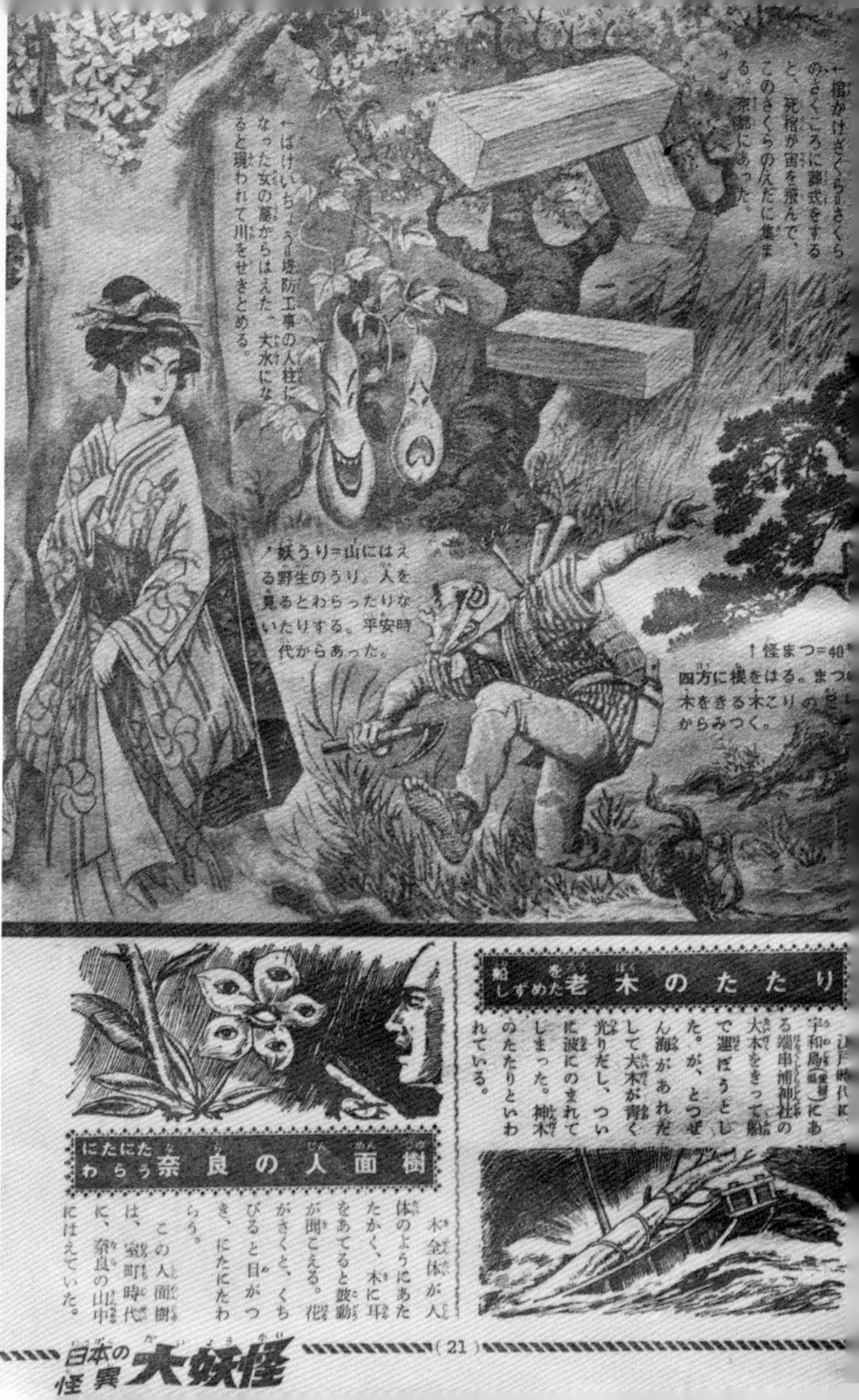
↑棺かけざくら＝さくらのさくころに葬式をすると、死棺が宙を飛んで、このさくらのえだに集まる。京都にあった。

←ばけいちょう＝堤防工事の人柱になった女の墓からはえた。大水になると現われて川をせきとめる。

↗妖うり＝山にはえる野生のうり。人を見るとわらったりないたりする。平安時代からあった。

↑怪まつ＝40
四方《ほう》に根をはる。まつの
木をきる木こりの
からみつく。

にたにたわらう奈良の人面樹

木全体が人体のようにあたたかく、木に耳をあてると鼓動が聞こえる。花がさくと、くちびると目がつき、にたにたわらう。

この人面樹は、室町時代に、奈良の山中にはえていた。

船をしずめた老木のたたり

江戸時代に宇和島（愛媛）にある端串浦神社の大木をきって船で運ぼうとした。が、とつぜん海があれだして大木が青く光りだし、ついに波にのまれてしまった。神木のたたりといわれている。

「植物系妖怪」が大集合。「笑ったり泣いたりする」だけのキュートな「妖うり」に注目

深山の怪異
天狗《てん》いかり狂《くる》う
▼深山や高山をすみかとする天狗は▲
▼ふだんはすがたを見せず、山の安▲
▼全を守っている。しかし、山をあ▲
▼らすものや木をぬすむものがいる▲
▼と、いかって超能力を使うのだ。▲
一天狗くずし（一本歯のげたで、岩をけおとす。）
絵／南村喬之
日本天狗史
戦火を見物する天狗
天狗は、平安時代に中国からわたってきたといわれる。山にすみ、鶴や子どもを育てたなかまをふやした。空を飛ぶ天狗は、戦乱にあけくれる京の都を見物して、けらけらわらった。
若丸を育てた天狗
義経は、子どものころの名まえを牛若丸といい、京都の山の中にこもって、剣の修業をした。
このとき、牛若丸の相手をし
22
深山の怪異　天狗いかり狂う（1968年）／南村喬之

怒りだすと見境をなくす「天狗」だが、下の説明を読むとかなりの人格者でもあるらしい

天狗だおし（一本歯のげたで、巨木をけりたおす。）
天狗つぶて（20トンもある石を、口でふき飛ばす。）

わび状を書いた天狗

江戸の文政年間（一八一八〜三〇）に、天狗が、江戸赤坂のある酒屋から、たらいを一個、だまって借り出した。

二、三日後、わび状といっしょにたらいを返した。そして、その店を大はんじょうさせた。

武蔵と相打ちした天狗

にすむ天狗は、わかいときの宮本武蔵と出会い、山伏のすがたにばけて、剣の試合をした。

ところが、なかなか勝負がつかず、天狗は、空にまい上がって引き分けとした。

海の怪異　大出現　妖怪がに（1968年）／石原豪人

海の怪異

大出現 妖怪がに

▶鹿児島県の魔海、船がきりの中を進んでいくと、とつぜん海があれて、巨大な妖がにが出現した。木の葉のようにゆれる30石船から乗客をほうり出し、女だけをさらって海底につれさった。◀

絵　石原豪人

見つめられたらさいご 恐怖のいそ姫

戸時代の初めから、九州・山陰・北陸の海に現われた。

これに見つめられた船は、ぜったいもどってくることができないという。ときには、岸べを通る人を海中にひきこんだ。

ぶきみに近づく船ゆうれい

船ゆうれいは、九州、とくに長崎に多い。鎌倉時代にしずんだ船の亡霊といわれ、夏に現われる。

夕方、急に雨がふりだし、ろをこぐ音が近づいてきて、とつぜん船をしずめてしまう。

豪人先生が描く「巨大ガニ」。出現スポットが記された地図によれば列島周辺は妖怪だらけ!

深夜の怪異　ねずみ小人の命乞い（1968年）／桑名起代至

深夜の怪異

ねずみ小人《こびと》の命《いのち》乞《ご》い

▶ねずみは、室町時代のころから、妖獣の一つに考えられていた。江戸時代に、豪傑 平井兵衛門が、うるさい古ねずみをとらえたところ、その夜、数十人の小人が助命にきた。古ねずみは、江戸ねずみのかしらだったというのだ。◀

↑助けを求めるねずみのかしら

日本動物妖怪史《にっぽんどうぶつようかいし》

旅人をおそう妖じしの死棺破り

平安時代に、二百さいをこえた野ししは、超能力をもっていた。

葬式の行列に化けて旅人をたぶらかしたり、大入道になって棺を破り、とび出しておどろかしたりした。

を食らう牛鬼

うしが年をとって山にはいり、妖術をおぼえると牛鬼になる。谷間の沼にすみ、旅人を食べる。高知の高瀬長者は、この牛鬼をおとら

ネズミが命乞いにやってくる、という民話風の情景。かしこまって居並ぶネズミたちがカワイイ

岩見重太郎 すて身《み》のひひ退治

……しめ、豪傑岩見重太郎は、木曽《きそ》（長野県）の山を旅行中、巨大なひひを一刀のもとにきりたおした。背《せ》たけは三メートルもあり、五百さいにもなっていて、村のむすめをつぎつぎに食《た》べていた。

すがたなき妖獣 かまいたち

かまいたちは、つむじ風《かぜ》に乗《の》って現《あらわ》れるすがたなき妖獣だ。人間《にんげん》のうでや足《あし》にきずをつける。このきずは、知らぬまに骨《ほね》まで切《き》ることがあり、剣《けん》の達人柳生の門下でも数人かたわになっている。

猿神へのいけにえ（1968年）／南村喬之

『今昔物語』「飛騨國の猿神」の一場面だが、モチーフはこの年公開の映画『猿の惑星』？

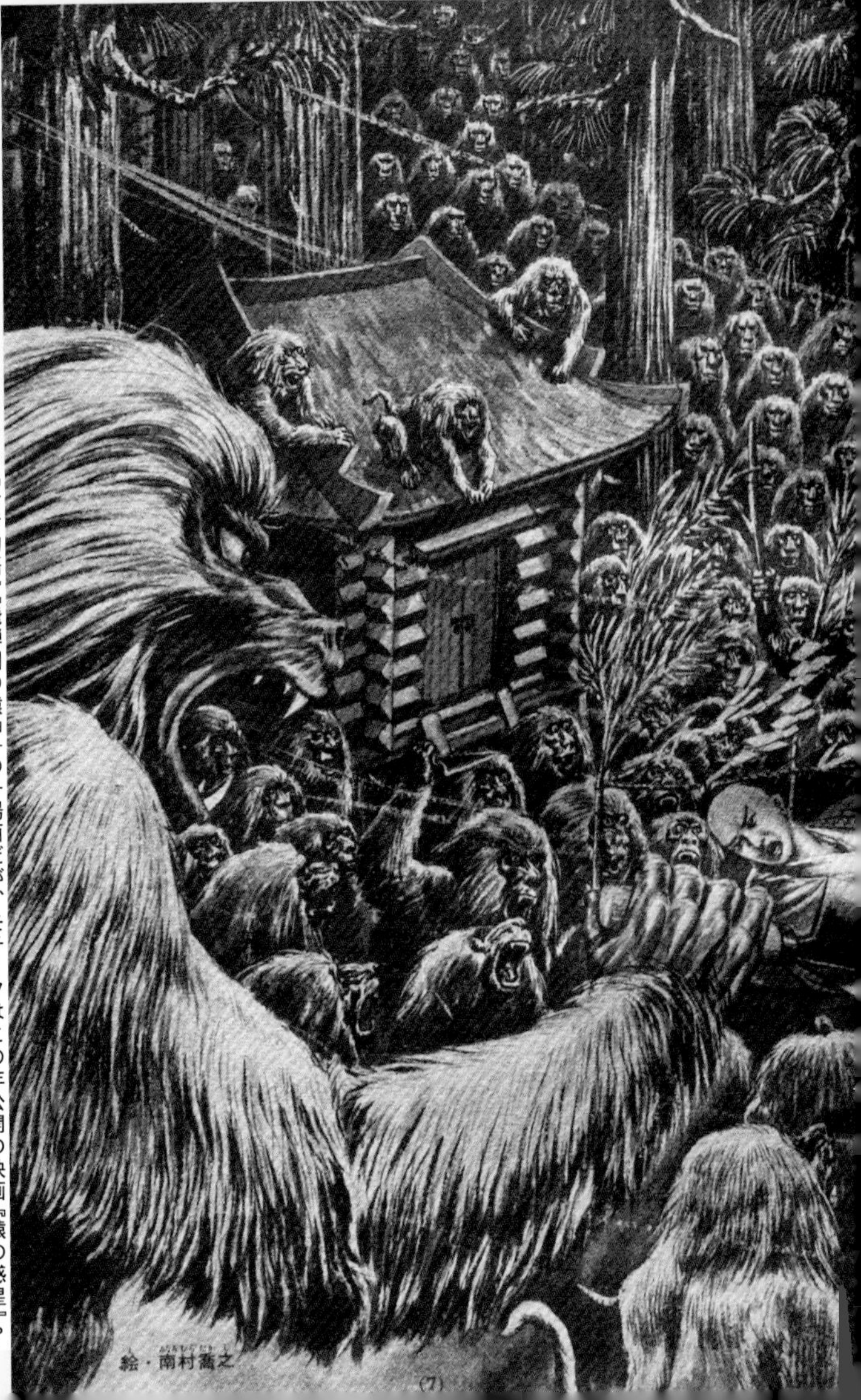

絵・南村喬之

日本の妖怪
妖鬼
おそるおそる宴会を見ているきこりの老人
の葬列見物
絵・桑名起代至

妖怪百鬼の大集会（1968年）／桑名起代至

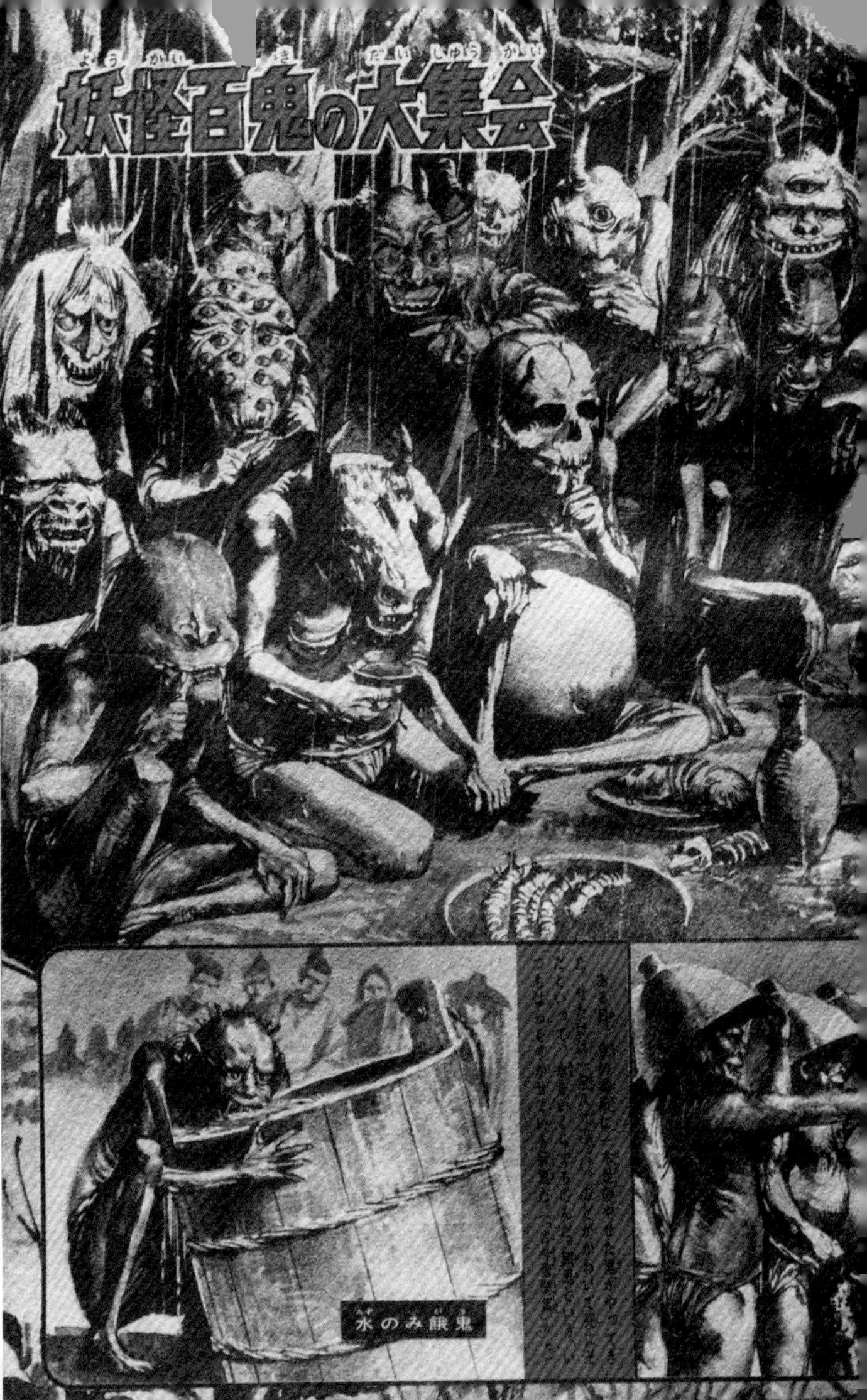

『宇治拾遺物語』の「瘤取」、つまり「こぶとり爺さん」の一場面だが……あまりにホラー！

日本妖怪退治　必殺のつばき矢戦法（1968年）／南村喬之

なんとも恐ろしげな「超巨大ムカデ」……だが、ツバをかけられると死ぬらしい。弱いっ！

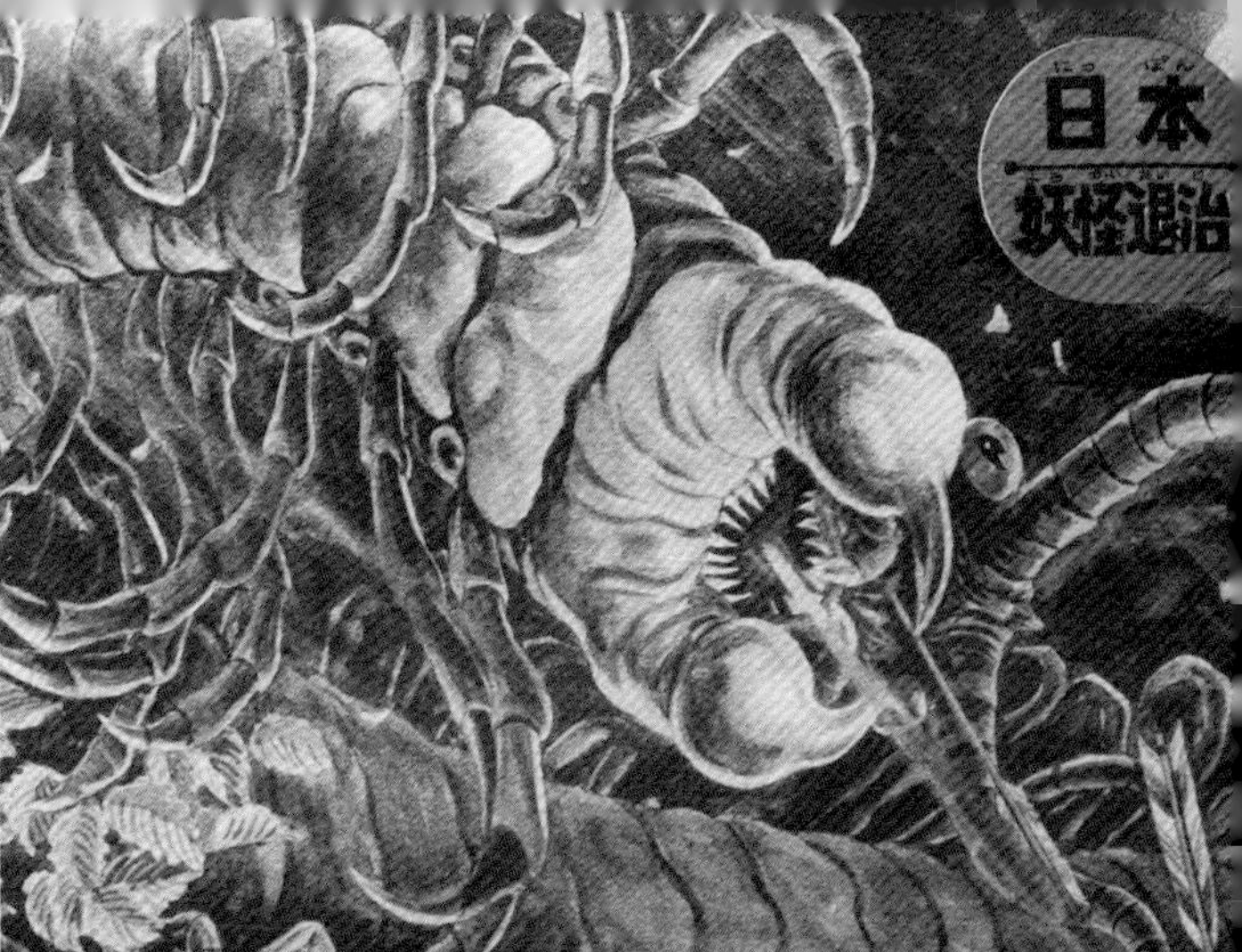
日本《にっぽん》
妖怪退治
④そうだ！　たしかムカデは、つばきに弱いときく〜」
藤太は、矢先を口でなめると、満身の力をふりしぼって弓をきりりとひいた。

シュパーッ！

矢は、ふかぶかとムカデのみけんにつきささった。ギエーッ！　断末魔のさけびをあげ、さすがの大ムカデも、のたうちまわった。藤太のつばき矢の、堂々たる勝利だ。

え・南村喬之

★猟人・藤沢主膳のムカデ退治★

[illegible]

★山伏・大山石籠のムカデ退治★

[illegible]

おそろしい青《あお》おに

◆怪獣《かいじゅう》があらわれたところ◆

静岡県・袋井市
山名幼稚園
さん

あの小《ちい》さなアリ《あり》が、人間《にんげん》をころすなんて、ほんとうにすごいと思《おも》います。
うちのにわに、そんなアリ《あり》がいたら、大《たい》へんです。

世界の大怪獣〈青《あお》オニ〉
アフリカ、タンザニアのおく地にあるルベンゾリ山には、青い顔のオニがす…いるといわれています。
そのすがたを見た…ころされ、生き…もどれない…というのです。
ところが、さい近、フランスのア…スサンダーはかせが、その正体を…とめました。
それは、…さんという、ど…ガスのような強…においのしるを出す、アリの大…んでした。
アリの大ぐんがい…かたまっているところを遠くか…見ると、オニのように見えます。
生物がここに近づくと、ぎさんのためにくるしくなって、たおれてしまい、そして、…体はアリに食べられるというわけだったのです。
正美
19
アフリカに「青鬼」出現！　調査したら正体はアリだった！……非常に納得しかねる内容

おそろしい青おに（1972年）／渡辺正美

山里の怪異
きつねの嫁《よめ》入《い》り

▶きつねは、平安時代から妖怪獣の代表◀
▶とされてきた。きつねの嫁入りは、晴◀
▶れた夜に行なわれ、ちょうちんの行列◀
▶と、数千びきにのぼるきつねのわらい◀
▶声が、どこまでもつづくという。◀

道祖神のかげから、おどろいてのぞき見る旅人。

きつね妖《よう》怪《かい》史《し》

仁和寺のうま乗りぎつね

平安時代、京都の仁和寺のうら山にすむきつねは、うまに乗った人が通ると、女にばけてうまに乗せてもらった。そして、町はずれにくると、その人をけとばしてにげた。

きつねンバーワン九尾のきつね

九尾のきつねは、中国で一万人の赤子を食い殺し、皇帝を滅ぼした金毛のきつねだ。日本にも現われ、女にばけて侍をたぶらかし、最後には殺生石にな

山里の怪異　きつねの嫁入り（1968年）／桑名起代至

絵／桑名起代至

幼少期、筆者の祖父も真顔で「見た！」といっていた怪現象。今も目撃情報は多いらしい

きつねとたぬきの大合戦《だいかっせん》

戦国時代《せんごくじだい》の末期、四国のきつねがしら、[illegible]狐明神が武士につかまった。そこで、きつねがしらの助命のため四国をたぬきにあけわたした。きつねは、その後、四国をうばい返そうとしたが失敗した。

きつねがついた足利将軍

将軍足利義持は病気で半年以上もねこんでいた。ある日《ひ》、将軍のまくら元からきつねが出てきたので、侍のひとりがきりすてた。敵方の間者(スパイ)が、妖術できつねをつけていたのだ。

妖人
日本の怪談
甲斐《かい》の国《くに》（いまの山梨県）の山《やま》おくにすむろくろ首《くび》は、夜《よる》になると胴《どう》から首《くび》がはなれ、宙《ちゅう》をまって虫《むし》をとって食《た》べる。胴《どう》と首《くび》とは細《ほそ》い糸《いと》でつながっているが、この糸《いと》を切《き》り、胴《どう》をかくしてしまうと、首《くび》はもとにもどれない。ろくろ首《くび》は一族《いちぞく》をなして、ほかの一族《いちぞく》とあらそったりする。
（「怪物与論」から）

ろくろ首大乱戦（1968年）／木村正志

小泉八雲『怪物与論』より。「ろくろ首」は「首長」型が主流だが、この「抜け首」型もよく登場する

昭和トラウマ図書館

中岡俊哉と秋田書店「大全科」シリーズ

いわゆる「怪奇系児童書」を語る際、絶対に外せないのが中岡俊哉（1926〜2001年）という作家である……というより、氏は我が国にオカルトブームそのものをもたらした最重要人物の一人であり、子ども向け大人向けを問わず、「心霊」「UFO」「超能力」「UMA」など、ネタの分野も問わず、とにかく「不思議なもの」全般に関する大量の情報を発信し続けた「オカルトマスター」だった。氏が他分野に比べて力点を置いたのは「心霊」だが、なかでも1974年に刊行された『恐怖の心霊写真集』はまさにエポックメイキングな一冊。大ブームとなって無数の類書が刊行されたが、「心霊写真集」という書籍スタイル（？）は氏の考案によるもの。これによって「心霊写真」という新たな「恐怖の愉しみ」が一気に広く認知された。児童書の分野でも小学館「入門百科」シリーズなどから大量の著作を刊行し、特に『エスパー入門』は当時のボンクラ小学生男児のバイブルとなっていた。

昭和のオカルトマスター 中岡俊哉

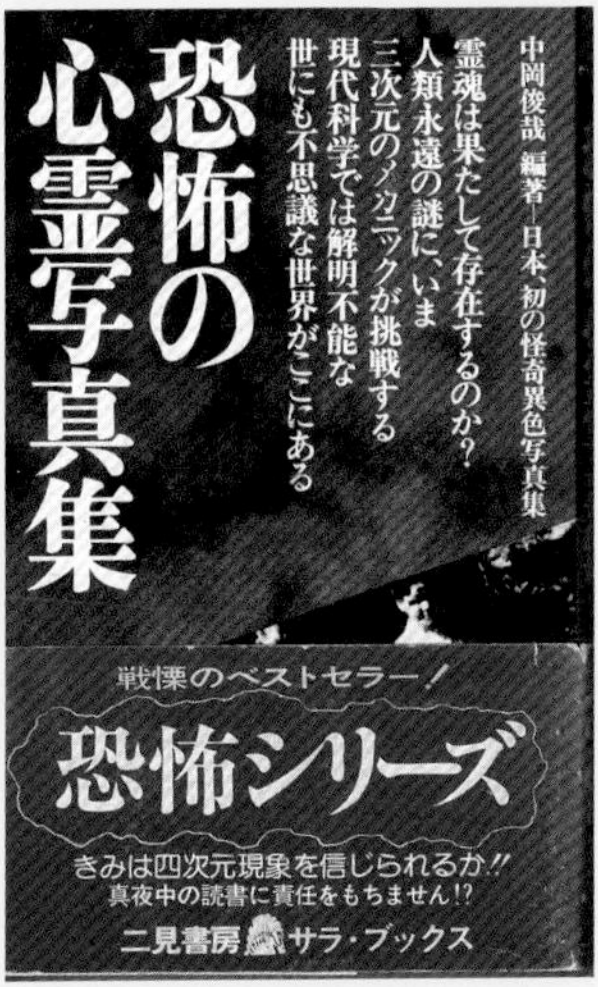
中岡俊哉 編著—日本、初の怪奇異色写真集
恐怖の心霊写真集
霊魂は果たして存在するのか？
人類永遠の謎に、いま
三次元のメカニックが挑戦する
現代科学では解明不能な
世にも不思議な世界がここにある
戦慄のベストセラー！
恐怖シリーズ
きみは四次元現象を信じられるか!!
真夜中の読書に責任をもちません!?
二見書房 サラ・ブックス

小学館入門百科シリーズ29
ふしぎ人間
エスパー入門
超能力人間エスパーの驚異をさぐり、あなたがもっているかくれた超能力をひきだし、トレーニングする決定版
中岡俊哉／著

『恐怖の心霊写真集　日本、初の怪奇異色写真集』
1974年／二見書房サラブレッド・ブックス
全国的な心霊写真ブームを巻き起こした衝撃作。シリーズの刊行は21世紀以降も続いた

『ふしぎ人間エスパー入門』1974年／小学館入門百科シリーズ
昭和男児必携の書！　エスパーになるための各種トレーニング方法を完全網羅

テレパシー入門
あなたが忘れているこの不思議な力
ESP研究家 中岡俊哉
NON BOOK

超心霊現象の驚くべき現実
ついに行政機関も正式採用
未来予知の超科学で
きみは暗黒末世を生き抜ける
●君にも心霊能力を開発できる
狐狗狸さんの秘密
《コックリ》
中岡俊哉
サラブレッド・ブックス③

CHOBUNSHA LIVE CHOBUNSHA LIVE
●体験者は語る
私は幽霊を見た
中岡 俊哉

『テレパシー入門　あなたが忘れているこの不思議な力』
1971年／祥伝社ノン・ブック
戦前の心霊科学ブーム時を考慮に入れなければ、
国内の「超能力本」の先駆けとなった一冊

『狐狗狸さんの秘密　君にも心霊能力を開発できる』
1974年／二見書房サラブレッド・ブックス
本格的な入門書としては、こちらも日本初の「コックリさん本」。実践用の専用シートつき

『体験者は語る　私は幽霊を見た』1974年／潮文社リヴ
実話系怪談集の先駆け。少年少女講談社文庫の村松定孝による同題の衝撃名著とは別モノ

『空飛ぶ円盤と宇宙人』1975年／小学館入門百科シリーズ
こちらも当時の夢見がち少年少女の愛読書。UFO、宇宙人のイラストや写真が満載！

『君は宇宙からの怪物体を見たか！ 世界のUFO』
1975年／二見書房サラブレッド・ブックス
大人向けの本格的な「UFO事典」。詳細なテキストと各国で撮影された記録写真で構成

『ふしぎな現象の世界 四次元が、きみのとなりに……』1984年／永岡書店ピコピコブックス
『人は死んだらどこへ行くのか 世にも不思議な幽界の話』1986年／二見書房ミニ・サラ
『なぞと怪奇の世界 今も残るミステリーゾーン』1990年／永岡書店ピコピコブックス
怪奇系児童書は80年代に下火になっていくが、中岡本は90年代以降も各社から刊行された

昭和トラウマ図書館

中岡俊哉と秋田書店「大全科」シリーズ

70年代に全盛を極めた「怪奇系児童書」は80年代後半から急速に姿を消し、出版社がオカルトから撤退してシリーズ自体が消失してしまったり、勁文社や朝日ソノラマのように、人気シリーズを誇っていた出版社自体が消失してしまった。……といったなかで、21世紀に入っても70年代と同じスタイルの「怪奇系児童書」を出し続けていたのが秋田書店である。70年代後半から刊行がスタートされ、ドギツイ表紙デザイン、棚差しになっても目立ちまくるド派手な幅広背表紙で我々世代を魅了しまくった、あの「大全科」シリーズだ。

秋田書店「大全科」シリーズ

「心霊」「妖怪」「モンスター」関連に強いシリーズだったが、なんといっても中心はホラー・残酷映画の紹介本。ネタバレも辞さず、作品の超ショック名場面をスチール写真でドシドシ見せまくる内容。写真を見て「ひぇ～っ！」と楽しむだけでなく、かなりマニアックな作品も紹介されており、暗黒映画ガイドとしてもキッチリ機能していた。

『決定版　怪奇大全科　血も凍る怪奇・恐怖映画のすべて』
1979年／日野康一著
「大全科」名物のホラー映画ガイド。定番名作から『吸血の群れ』などの珍作まで網羅

『決定版　妖怪大全科　世界の妖怪モンスターと悪魔のすべて』
1980年／佐藤有文著
国内外のバケモノを紹介するモンスター紳士録。後半は中世の魔女ネタが満載

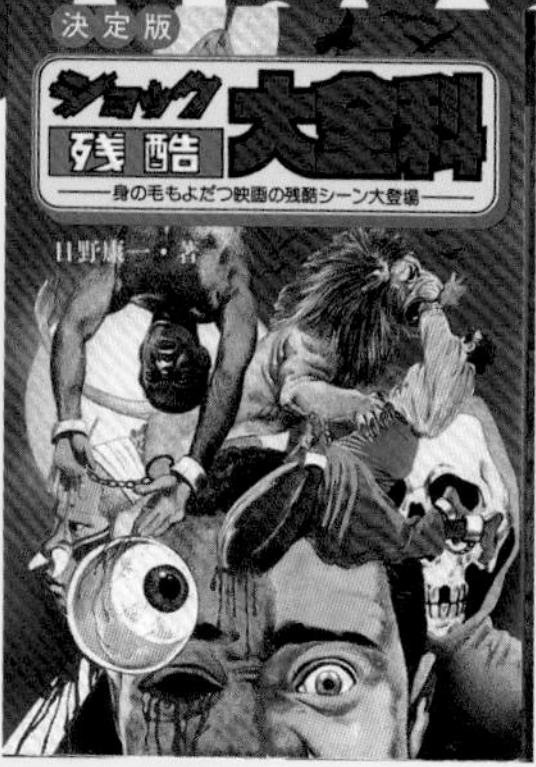

『決定版　ショック残酷大全科　身の毛もよだつ映画の残酷シーン大登場』
1982年／日野康一著
ヤコペッティ作品、『ジャンク』などの残酷映画からブニュエル、ゴダールまで網羅（笑）

『悪魔オカルト大全科　世界のモンスターパレード』1983年／竹内義和著
映画ネタ、妖怪ネタ、都市伝説ネタがゴッチャになった超カオスなオカルト本

『日本の幽霊大全科　PART2』1985年／佐藤有文著
国内の霊現象を地方ごとに紹介。場所などが詳細かつ具体的に記されていてかなりリアル

『決定版　ホラー大全科　きみはこの恐怖に耐えられるか !?』1986年／日野康一著
ハマー作品から80年代スラッシャーまで順当に紹介。わりと正統なホラー映画ガイド

『恐怖の大予言大全科』1987年／おきたかし著
ノストラダムスからエドガー・ケイシーまで、古今東西の予言・予言者をズラリと紹介

この背表紙が並ぶ
本屋の棚に心が踊った。
残念ながら、現在シリーズは終了。

1972年の「ネッシー」特集記事。
ニューギニアの新怪獣「ルイ」「ミゴー」も紹介

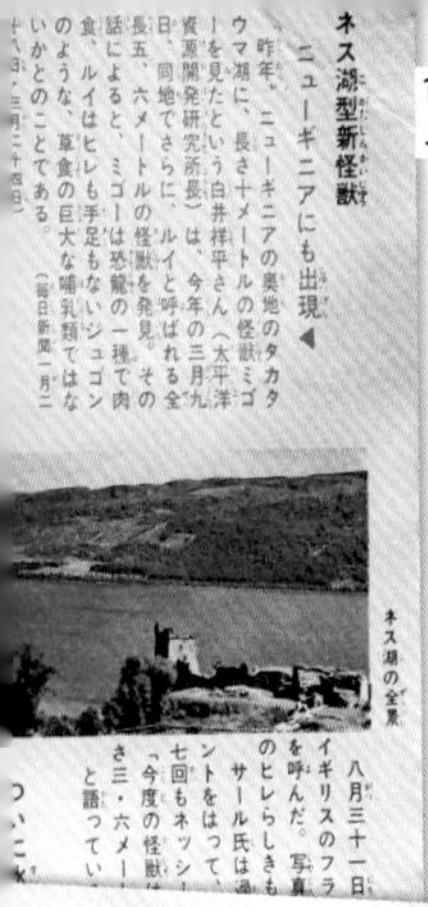

ネス湖型新怪獣 ニューギニアにも出現◀

昨年、ニューギニアの奥地のタカタウマ湖に、長さ十メートルの怪獣ミゴーを見たという白井祥平さん（太平洋資源開発研究所長）は、今年の三月九日、同地でさらに、ルイと呼ばれる全長五、六メートルの怪獣を発見。その話によると、ミゴーは恐竜の一種で肉食、ルイはヒレも手足もないジュゴンのような、草食の巨大な哺乳類ではないかとのことである。

ネス湖の全景

こんなに起《お》きている！

'72の怪《かい》奇《き》

UFO
アメリカ本土で驚くべき円盤事件が発生！

雪男
各地に続々と出現！ ついに"雪女"も！

怪火
呪われた怪火がどこまでもついてくる！

写真 谷口正彦・尾崎啓一・野沢正・ユニフォト・WWP・キースト

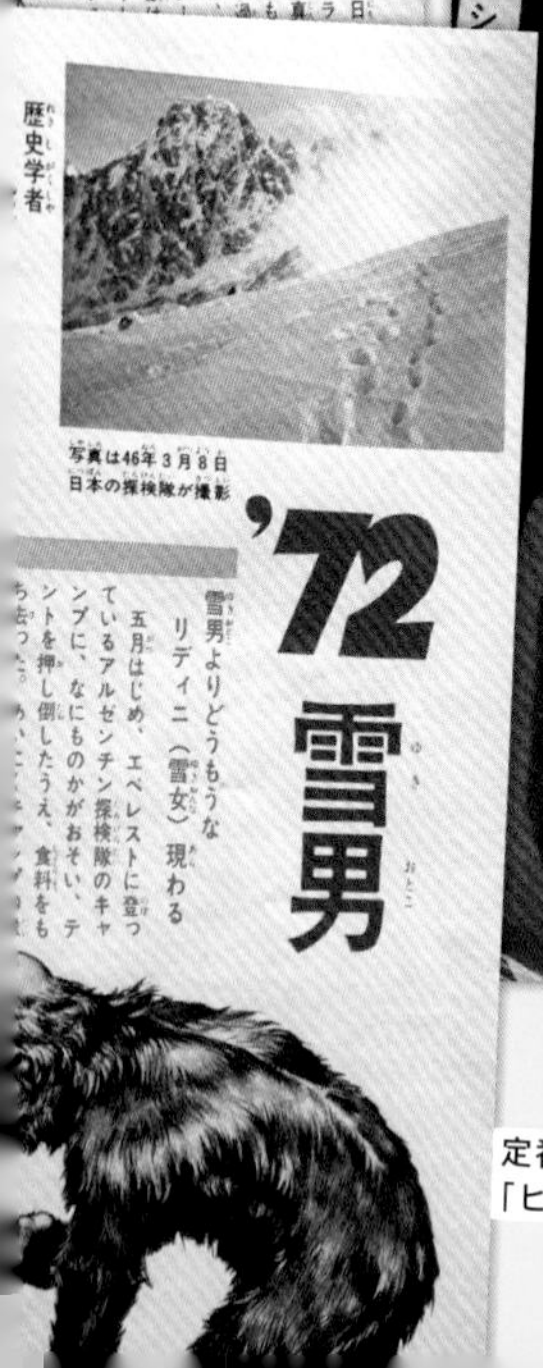

歴史学者

写真は46年3月8日
日本の探検隊が撮影

'72 雪男

雪男よりどうもうなリディニ（雪女）現わる

五月はじめ、エベレストに登っているアルゼンチン探検隊のキャンプに、なにものかがおそい、テントを押し倒したうえ、食料をもち去った。

'72の怪奇（1972年）／桑名起代至、柳柊二

定番の「雪男」特集だが、
「ヒマラヤに雪女出現！」の超衝撃スクープも

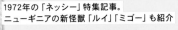

'72 ネス湖《こ》

絵／桑名起代至

し、逃げる後ろ姿を撮影に成功！」と発表した。雪の降る中をとつぜん現われた雪男は、背たけが腕の長さ七つ分、手が長く首が短く、顔以外はうす茶色の長い毛におおわれ鼻は低く、目もひっこんでいたという。巨大な足跡を残して逃げ去ったという雪男の後ろ姿の写真は、なぜか発表されていない。（東京新聞十月二十三日）

雪男を求めて米探検隊が出発

この十月、アメリカの雪男探検隊が、雪男の正体をつかむためエベレスト山群に向かった。同隊は、タイでサルの研究をしているジェフリー・マクニリーをリーダーに六人の学者とその装備を運ぶシェルパたち。「最近、イエティ（雪男）がエベレスト東方百キロの地域に出没していると伝えられているので、それを手がかりにつきとめてみたい」とマクニリー隊長は大はりきりだ。

チの、人間でもクマでもない大きな足跡が発見された。現地の住民は、イエティよりももっとどう猛で人間を見れば襲いかかる「リディニ（
と震えあがっていると
月十七日その他）

チベットの寺院にある雪男の頭皮

ミシシッピにも巨大な原人

七月十二日夕、アメ
ルイジアナで、ドリス・
庭にのっそりと立ってい
見、その後同じ怪物を目
が続出して、町中ひっく

アメリカ南部に"雪男"出現！

（7月12日）

絵／柳柊二

ぎになった。目撃者の話によると、身長二〜四メートル、毛むくじゃら、頭はカボチャ型、目がオレンジ色に光り、両手がひざまであり、ものすごい悪臭をふりまくといい、モモと名づけられた。警察が山狩りをおこなったが、捕まえることはできなかった。（東京新聞七月三十一日）

ネス湖の恐龍 アイディアいけどり作戦《さくせん》
おとり作戦
おとりのロボット恐龍
怪獣のロボットをつくる。恐龍がなかまかと思って近よったところを、くさりのあみをかぶせてつかまえる。
しびれ作戦
恐龍のいる湖に毒液を流す。毒のために全身がしびれて動けなくなったところをいけどりにする。
強電流作戦
恐龍のいる湖に、高圧電流を流す。恐龍が電気のショックで気絶したところをいけどりにする。
冷凍作戦
ヘリコプターなどで、恐龍の頭上から零下200度の液体空気をまく。恐龍がかちかちにこおったところをいけどる。
←スクリーンにうつした恐龍。
落としあな作戦
陸にスクリーンをたて、恐龍のすがたをうつしてなき声をきかせる。近よってきた恐龍を落としあなに落とす。
恐龍にますい弾をうちこむ。これがはれつすると、ねむりガスが出る。恐龍がねむったところをいけどる。
ねむりガス作戦
戦
一九六〇年、イギリスのカメラマンが、恐龍のさつえいに成功したので、ネス湖に恐龍のいることがわかった。この恐龍を運ぶに
ネス湖
(16)

ネス湖の恐竜　アイディア空輸作戦（1967年）／南村喬之

ネス湖《こ》の恐龍《きょうりゅう》
アイディア空《くう》
写真は、イギリスのカメラマンがさつえいしたネス湖の恐龍。
絵・南村喬之
怪獣狩り大作戦

「ネッシー捕獲作戦」アレコレ。……運搬方法とかは発見してから考えればいいと思う

最新《さいしん》証拠《しょうこ》写真《しゃしん》はこうしてとられた
話題《わだい》の写真《しゃしん》撮影《さつえい》に成功《せいこう》したのは、アメリカのボストン応用《おうよう》科学《かがく》アカデミー会長《かいちょう》ロバート・ラインズ博士《はかせ》とそのグループだ。博士《はかせ》がネス湖《こ》の怪獣《かいじゅう》に興味《きょうみ》をもって調査《ちょうさ》を開始《かいし》したのは、一九七〇年《ねん》のことだ。最《さい》初《しょ》は湖面《こめん》の監視《かんし》と水中《すいちゅう》音波《おんぱ》探知機《たんちき》で探《さが》した
頭
頭《あたま》は小《ちい》さく、顔《かお》は醜《みにく》い。目《め》などがどこについているかはっきりしない。
首
首《くび》の長《なが》さは約《やく》3〜4メートル。直径《ちょっけい》は30〜40センチと細《ほそ》い。首《くび》の上部《じょうぶ》のうしろにたてがみのようなものがあったという過《か》去《こ》の目撃《もくげき》報告《ほうこく》もある。
いままでの目撃《もくげき》者《しゃ》の約半数《やくはんすう》が背中《せなか》にこぶがあったと報告《ほうこく》している。こぶの数《かず》は目撃者《もくげきしゃ》によってまちまちで、背中《せなか》の形《かたち》を変化《へんか》させる能力《のうりょく》があると
胴体《どうたい》の長《なが》さは4〜10メートル、全長《ぜんちょう》は20メートル以上《いじょう》と推測《すいそく》される。
胴体《どうたい》にはひれ、あるいはかい状《じょう》の足《あし》があり、長《なが》さは約《やく》1メートル。前《まえ》のものが後《うし》ろのものより小《ちい》さめだという見《み》方《かた》もある。
ネッシー大正体！（1976年）／小林準治

れらしきものの撮影に成功、話題となった。つづく七三年、七四年はさらに機械を大型化、高性能化して、何万枚もの写真を自動撮影したが、完全にからぶり。何一つ写っていなかった。

しかし、去年の六月二〇日、とうとう博士の執念が実を結んで、二枚の写真にひれの生えた巨大な動物の上半身と、二本の角を生やした大写しの顔をキャッチできた。撮影の方法は、一せきの船からソナー（水中音波探知機）とストロボ閃光カメラ、もう一せきからも、もっと浅くストロボ閃光カメラをおろし、ソナーに何かを感じたとたん、自動的にコマ撮りが開始される。

こうして当日は六枚のコマに何かが写ったが、まっ暗な水中での撮影のため、あまりにも不鮮明。そこで、コンピューターにフィルム表面の粒子の濃淡を記憶させ、コントラストを強くして写真を処理したところ、やっと二枚だけ鮮明な画像を得られた。

写真から推定して、ネッシーの首の長さは四メートル、全長は二〇メートルに近い巨大なもの。博士はそのひれの形から「ネッシテラス・ロンボプテリウス（ひし型のひれをもつネス湖の怪物）」という学名を提案している。

◎ラインズ博士の撮影方法

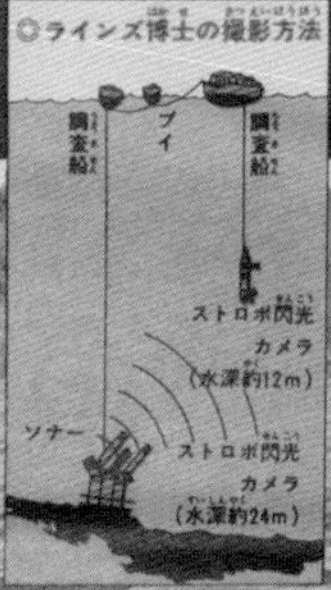
調査船
ブイ
調査船
ストロボ閃光
カメラ
（水深約12m）
ソナー
ストロボ閃光
カメラ
（水深約24m）

尾
尾は2〜6メートルと推測されている。泳ぐときに左右に動かしたりするらしい。

ネッシー大正体！

当時最新の目撃情報に基づく「ネッシー」画。……でも、なんかちょっとカッコ悪い！

みずうみ

しつもん

ネス《ねす》こに、きょうりゅうはほんとうにいるのでしょうか。

ネス《ねす》こは、イギリス《いぎりす》の北《きた》にある、ふかいみずうみです。

ここには、大《おお》むかしから、ものすごく大《おお》きなかいじゅうがすんでいるといわれています。

かいじゅうに出会《であ》った人《ひと》や、しゃしんにとったという人《ひと》は、これまでに二千人《せんにん》いじょうもいます。

それらの人《ひと》の話《はなし》はまちまちですが、だいたい、長《なが》さは二十《じゅう》メートル《めえとる》もあったといいます。

もしかすると、大《おお》むかしのきょうりゅうの生《い》きのこりかもしれません。

いまでもいろいろな人《ひと》が、せん水《すい》かんでもぐったりしてしらべていますが、まだ正体《しょうたい》はわかりません。

きょうりゅうのすむみずうみ（1974年）／前村教綱

モロにブロントサウルス風のリアルな造形。初期「ネッシー」画はみんなこのイメージだった

◆怪獣《かいじゅう》があらわれたところ◆
新潟県・西蒲原郡
山田小学校一年生
さん
いきなり、こんなかいじゅうに出会《であ》ったら、どんなにびっくりすることでしょう。わたしなら、気《き》をうしなって、しんでしまうかもしれません。
しげな音がしま
見《み》ると、もの　かいじゅう
が、ボールぐら　い目で船
をのぞきこんで　はありませ
んか。ポッター　は、
「うわっ、ばけものだ。」と、さけんで、そばにあったじゅうを、うちまくりました。
やがて、かいじゅうは、すごいはやさでおよぎさっていきました。
よく朝、すなはまには大きな足あとがのこっていたということです。
赤い目のかいぶつ（1972年）／石原豪人
「私なら気を失って死んでしまうかも」という女の子のコメントがキュート！

赤《あか》い目《め》のかいぶつ

しつもん

かいじゅうは、ほんとうにいるのですか。

テレビ《てれび》に出《で》てくるような、すごいかいじゅうは、ほんとうにはいません。

でも、これまで、だれもつかまえたことがなかったり、今《いま》いる動物《どうぶつ》より、かけはなれて大《おお》きかったり、すがたがかわっている生《い》き物《もの》を『かいじゅう』といえるなら、世界《せかい》じゅうには、そんなかいじゅうを見《み》たという人《ひと》が、たくさんいます。

ネス湖《こ》のかいじゅうやヒマラヤ《ひまらや》の雪《ゆき》男《おとこ》などは、とくにゆうめいですが、そのほかにも、きみような生《い》き物《もの》が、世《せ》界《かい》のかく地《ち》でもくげきされています。

ここでは、そんなかいじゅうのいくつかをごしょうかいしますが、ただ、ほんとうにいるかどうかということになると、つかまえてみないと、わからないものもあります。

南太へいようのカバ怪獣（1972年）／小松崎茂

当時、新聞などでも話題になったニュージーランド沖のUMA「カバゴン」を小松崎先生が具現化

一九七一年《ねん》四月《がつ》二十《じゅう》六日《にち》の昼《ひる》ごろ、宮城県《みやぎけん》のぎょ船《せん》、だい二十八《じゅうはち》金比羅丸《こんぴらまる》が、ニュージーランドの近《ちか》くでマグロをとっていました。

すると、とつぜん、マグロをとるロープが切《き》れて、いわのようなかいぶつがあらわれたのです。

船《ふね》を近《ちか》づけてよく見《み》ると、それはカバ《かば》のようなかっこうをしているではありませんか。「海《うみ》にカバ《かば》が…。」と、船《せん》いんたちはこしをぬかさんばかりにおどろきましたが、かいぶつは十分《じゅっぷん》ほどで、また海《うみ》の中《なか》にきえていったということです。

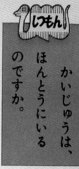

世界の大怪獣〈カバ怪獣〉

海《うみ》はりくよりもずっと広《ひろ》いし、ほとんどようすもわかっていないので、まだ、だれも見《み》たことがないようなかいぶつが、いるのだと思《おも》います。

沖縄・島尻郡 南風原小学校二年生 くん

◆怪獣《かいじゅう》があらわれたところ◆

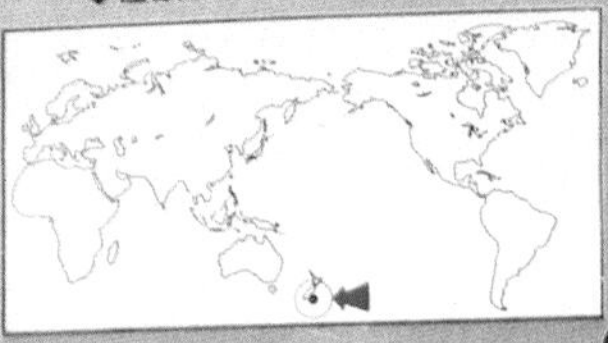

南《みなみ》太《たい》へいようの カバ怪《かい》獣《じゅう》

ヒ《ひ》マ《ま》ラ《ら》ヤ《や》の雪《ゆき》男《おとこ》

一九七〇年《ねん》の五月《がつ》、イギリス《いぎりす》のと山《ざん》たいが、ヒマラヤ《ひまらや》のアンナプルナ《あんなぷるな》山《さん》をのぼっていました。さて、高《たか》さ三千《ぜん》六百メートル《めえとる》のところに、キャンプ《きゃんぷ》をした夜《よる》のことです。

ふくたい長《ちょう》のドン《どん》・ワイランス《わいらんす》さんが、ねむれなくて外《そと》のけ色《しき》を見《み》ていると、月《つき》あかりの中《なか》をふしぎな動物《どうぶつ》が歩《ある》いています。

それは、ぜんしんまっ黒《くろ》な毛《け》におおわれていて、二本足《ほんあし》で歩《ある》き、クマ《くま》よりもサル《さる》ににています。

「雪男《ゆきおとこ》だ。まちがいなく雪男《ゆきおとこ》だ。」

ワイランス《わいらんす》さんは、おどろきました。よく朝《あさ》しらべてみると、キャンプ《きゃんぷ》のまわりに雪男《ゆきおとこ》の足《あし》あとがたくさんありました。

ラマ《らま》寺《じ》いんにほぞんされている雪男の頭のかわです。

ヒマラヤ《ひまらや》のげん地人《ちじん》がかいた、雪男のそうぞう図《ず》です。

左《ひだり》は雪男の足《あし》あとで、右《みぎ》は人間《にんげん》の足《あし》あとです。

世界の大怪獣〈雪　男〉

ヒマラヤの雪男（1972年）／不明

リアルな筆致で描かれたヒマラヤの「イエティ」。おなじみの「足跡」や「頭の皮」の話題も

沖縄・名護市
名護小学校二年生
[redacted] さん

雪男をつかまえて家来《けらい》にしたら、きっと楽しいだろうと思《おも》います。でも、雪男を沖縄につれてきたら、あつさにまいってしまうかしら。

◆怪獣《かいじゅう》があらわれたところ◆

つぎのページから雪獣だよ。

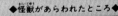

りょうしをさらったかい鳥《ちょう》

南アメリカのアマゾン川でマジマ、オナスとコンデの三人のりょうしが、さかなをとっていました。

そのとき、山《やま》のほうから、なにか黒《くろ》いものが、ふねをめがけてとんできました。

近《ちか》づいて来《く》るのを見《み》ると、それは鳥《とり》でした。とても大《おお》きく、つばさの長《なが》さが三メートルもありました。

その鳥《とり》は風《かぜ》をきり、三人《にん》めがけて、きゅうこう下《か》しました。

「あぶない、水《みず》にもぐれ。」

オナス《おなす》とコンデ《こんで》は、川《かわ》にとびこみました。かい鳥《ちょう》は、にげおくれたマジマ《まじま》をつかまえると、どこかへつれさっていってしまいました。

世界《せかい》の大怪獣《だいかいじゅう》〈かい鳥《ちょう》〉

りょうしをさらったかい鳥（1972年）／萩原孝治

南米に出現した「大怪鳥」。マジマさんはどうなったんだろう？　質問者の少年も心配している……。

◆怪獣《かいじゅう》があらわれたところ◆

栃木県・足利市
友愛幼稚園
くん

マジマはどこへつれていかれたのかな。食べられちゃったかもしれない。
おとなになったら、たんけん家になって、かい鳥をさがしてやろうかな。

ヨーロッパ《よーろっぱ》の北《きた》の海にいるクラーケン《くらーけん》は、とほうもなく大きなかいぶつです。くさいにおいを出《だ》して、大《だい》こうぶつのタラ《たら》をあつめるといわれています。

そこで、りょうしたちは、タラ《たら》をつっている間《あいだ》、見《み》はりをおいて、海《うみ》のふかさをはかっています。

もし、きゅうにあさくなったら、クラーケン《くらーけん》が出《で》てきたしょうこです。

クラーケン《くらあけん》がうきあがってくると、海《うみ》の上《うえ》に島《しま》があらわれたように見《み》えます。せ中《なか》には、海草《かいそう》がべったりついています。

船《ふね》などは、ひとたまりもなく、ひっくりかえされてしまいます。

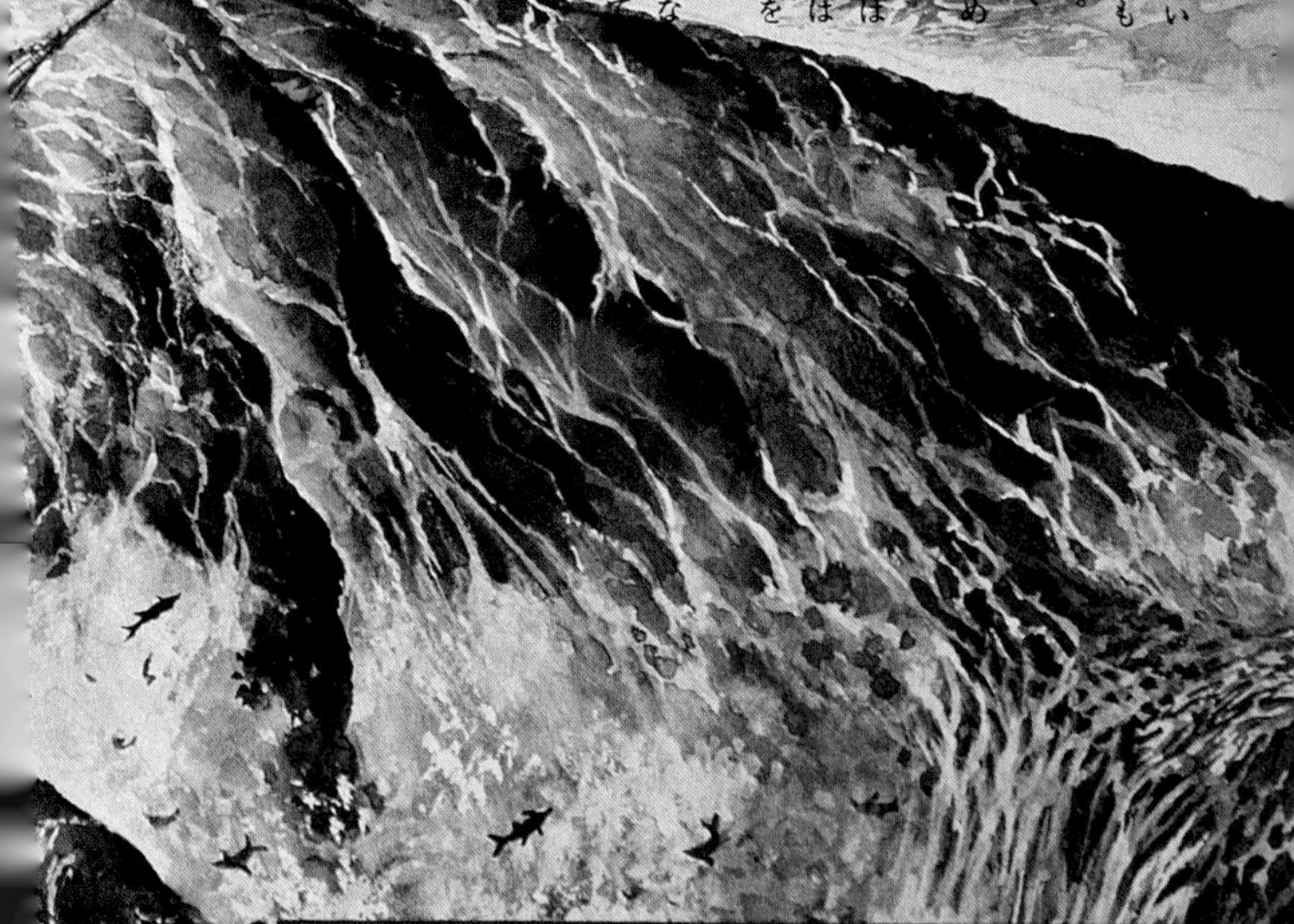

◆怪獣《かいじゅう》があらわれたところ◆

栃木県・那須郡
聖マリア幼稚園
[redacted]くん

クラーケン《くらあけん》をつかまえて、せなかをすべりだいにしたらいいと思《おも》います。海草《かいそう》がいっぱいはえているから、よくすべるのではないでしょうか。

島のようなばけものクラーケン（1972年）／萩原孝治

UMA史上最大といわれる謎の巨大生物。もともとは北欧の伝説に登場する海の魔物

目《め》も口《くち》もほねもないかいぶつ

一九六四年《ねん》の春《はる》、オーストラリア《おおすとらりあ》の南《みなみ》にある、タスマニア《たすまにあ》島《とう》の海《かい》がんで、ふしぎな生物《せいぶつ》のしがいが見《み》つかりました。

大《おお》きな、まるい形《かたち》をしたもので、ひふは石《いし》のようにかちかちです。からだいちめんにやわらかい毛《け》がはえていて、前《まえ》のほうのもりあがったところに、あなが六つあいていました。

とにかく、動物《どうぶつ》のしがいらしいのですが、目《め》ばかりか、口《くち》もなく、ほねさえもないのです。あつまった人《ひと》びとは、

「いったい、これはなんという生物《せいぶつ》で、どこから来《き》たんだろう。」と、首《くび》をひねりましたが、二、三日《にち》すると、くさっていやなにおいがしてきたので、とうとう海《うみ》にすててしまいました。

アメリカのカリフォルニア海がんにうちあげられたなぞの生物

イギリスのコーンウォール海がんにながれついたひれのある生物

世界《せかい》の大怪獣《だいかいじゅう》 〈目《め》も口《くち》もほねもないかいぶつ〉

東京都・板橋区立第二小学校二年生 くん

このかいぶつは、口《くち》もないのに、どこから食《た》べてこんなに大《おお》きくなったのか、ふしぎに思《おも》います。もしかしたら、火星《かせい》から来《き》たのかもしれない。

◆怪獣《かいじゅう》があらわれたところ◆

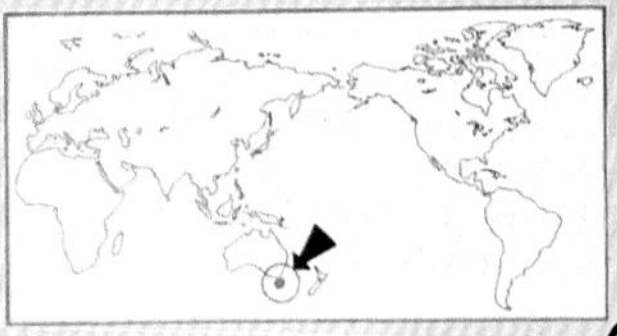

目も口もほねもないかいぶつ（1972年）／不明

「グロブスター」と呼ばれる謎の肉塊。実際に世界各地に漂着しており、今もって正体は不明

海の怪奇（1974年）／石原豪人

謎《なぞ》と不思議《ふしぎ》大探検《だいたんけん》
ロマンサイエンス〈24〉
海の怪奇
特別カラー版
でくるではないか！
ついたときは、海岸で倒れて
Gojin
文／南山　宏　絵／石原豪人・金森　達・水気　淳　レイアウト／スタジオ7

海の怪現象特集の扉絵。
フロリダに出現したＵＭＡも豪人先生の手にかかると日本的妖気が漂う

残酷

『残酷』～阿鼻叫喚、世界残酷博覧会

サァ、サァ、皆様、奇々怪々な絵図ばかりを並べましたる今宵の見世物もいよいよ佳境、そろそろ猟奇の果てに入ってまいります。ここから先は死屍累々の地獄八景。壮絶、凄惨、血みどろの酸鼻《さんび》極まる残酷博覧会と相成りますので、ホラ、良い子の坊チャン、嬢チャンにはここらでご退場願いまして……と言うべきところでございましょうが、これらの絵図、そもそも年端の行かぬ子らが読む児童雑誌に収められたものばかり。お子様はご遠慮願うというのもこれまたおかしなお話。

今は昔、茶の間のテレビのスイッチひねれば、平日真っ昼間から『世界残酷物語』やら『カタストロフ』。夕食の後には洋画劇場の『エクソシスト』で首グルリ、『オーメン』で首チョンパ。映画館でもR指定などあってなきがごとしですので、『グレートハンティング』も『ジャンク』も見放題。「ショック！」「残酷！」「野蛮！」の毒々しい見出しが世間に踊りまくっていたあの頃と、このキレイキレイの平成の世を比べますれば、まさに隔世の感。昭和は遠くなりにけり、でございます。

サテ、残酷ということになりますれば、なにはさておきましても、またもやヤコペッティ御大にご登場願わねばなりません。一九六二年公開の『世界残酷物語』で秘境ブームを巻き起こすとともに、当節で言えば「モンド映画」、当時で言いますところの「残酷映画」「ショック映画」の世界的一大潮流をもたらした張本人でございます。先生、その後も『世界女族物語』『さらばアフリカ』『残酷大陸』など、相変わらず各地の奇習蛮習奇行蛮行を描いた猟奇残酷路線で話題をさらい、一方でやれヤラセだ、詐欺師だ、インチキだと罵られもいたしましたが、我が国含めまして世界中の映画界、テレビ界、出版界は、「残酷！」を売り物にいたしましたヤコペッティ調の亜流で溢れかえったのでございます。これまで御覧に入れました絵図の多くも、まさにヤコペッティ調と言えましょう。

「Mondo Cane《モンド・カーネ》」。これが『世界残酷物語』の原題でして、直訳いたしますれば「犬の世界」。イタリア語の符丁で、どうもこれ、ドリフのいかりや長介さん言うところの「ダメだ、こりゃ」に近い意味合いがあるようでございます。ヤコペッティ映画の味わいは、秘境に暮らす民族の蛮行も、当時は後進国と目されたニッポンはじめアジアの人々の奇行も、先進国を自認する欧州米国の人々の愚行も、そして彼の映画を見て「低俗だ！」と顔をしかめ、「ヤラセだ！」と怒りだす見物客の姿をも、あまねく世界の人類を見渡しまして、鏡のように銀幕に映し出し、その上でちょいと肩をすくめて「ダメだ、こりゃ」とつぶやいてみせるところにあるように思います。怒り、絶望、悲しみ、そして皮肉な笑いと、なんとも奇妙な優しさを含んだような「ダメだ、こりゃ」。幼少の折からブラウン管にて繰り返し見せられてきた者にしてみれば、そこに幾許《いくばく》かの真実があったと思う次第にございます。

ハイ、それでは、そろそろ残酷博覧会の幕開きとまいりましょう。まかり間違ってもなにか食べながら眺めよう、てなご了見は起こさぬよう。ご気分お悪くなりましたらご勘弁。

草食原始人《そうしょくげんしじん》をおそう肉食原始人《にくしょくげんしじん》
草原《そうげん》のたたかい
とつじょ、肉食原始人が草食原始人におそいかかった！　食糧がなくなったからだ。草食原始人は、女や子どもをにげさせて、肉食原始人と戦ったが、石のナイフをもつ狩りの名人の肉食原始人にはかなわない。こうして、草食原始人はほろびた。いまから百万年前のアフリカでのことだ。肉食原始人は、さらに進化をつづけていった。
こしおの
にぎりおの
刃がするどく、えものを切りさいたり、皮をはいだりする。
チョッパー
木やほねをわる。武器にもなる。
★いろいろな石器★

草食原始人をおそう肉食原始人　草原のたたかい（1966年）／南村喬之

「肉食原人」VS「草食原人」の血みどろ大戦争！ やはり肉を喰ってるヤツらの方が強かった！

肉食原始人

草食原始人

カラー大画報 **原始人の世界**

やり先	あなあけ石能 とがったところで	虚形石器
ナイフのようにすると、いカナダの石器で、投げやりの誕生にも使う。	獲物にする毛皮にあなをあける	石器の"もと"。 うちものの刃付け工作用具整作に使う

勇気《ゆうき》
オーッ
ほらあなぐまのするどいきめがせまった。だが、原始岩や石やりで、ひぐまの3るほらあなぐまに、ゆうかどんていく。食糧《しょくりょう》をえるたにものぐるいの戦いなのだ。
くま祭り
くまがたくさんとれ、けが人が出ないようにいのるお祭り。くまの皮をかぶった戦士と、くまに変装したものが、どうくつの中でおどりくるっている。
やりぜめ戦法
大ぐまにいどむ　原始人のちえと勇気（1966年）／南村喬之

内容的には古代の狩猟生活を解説しているだけなのだが……残酷テイスト全開の動物パニック描写！

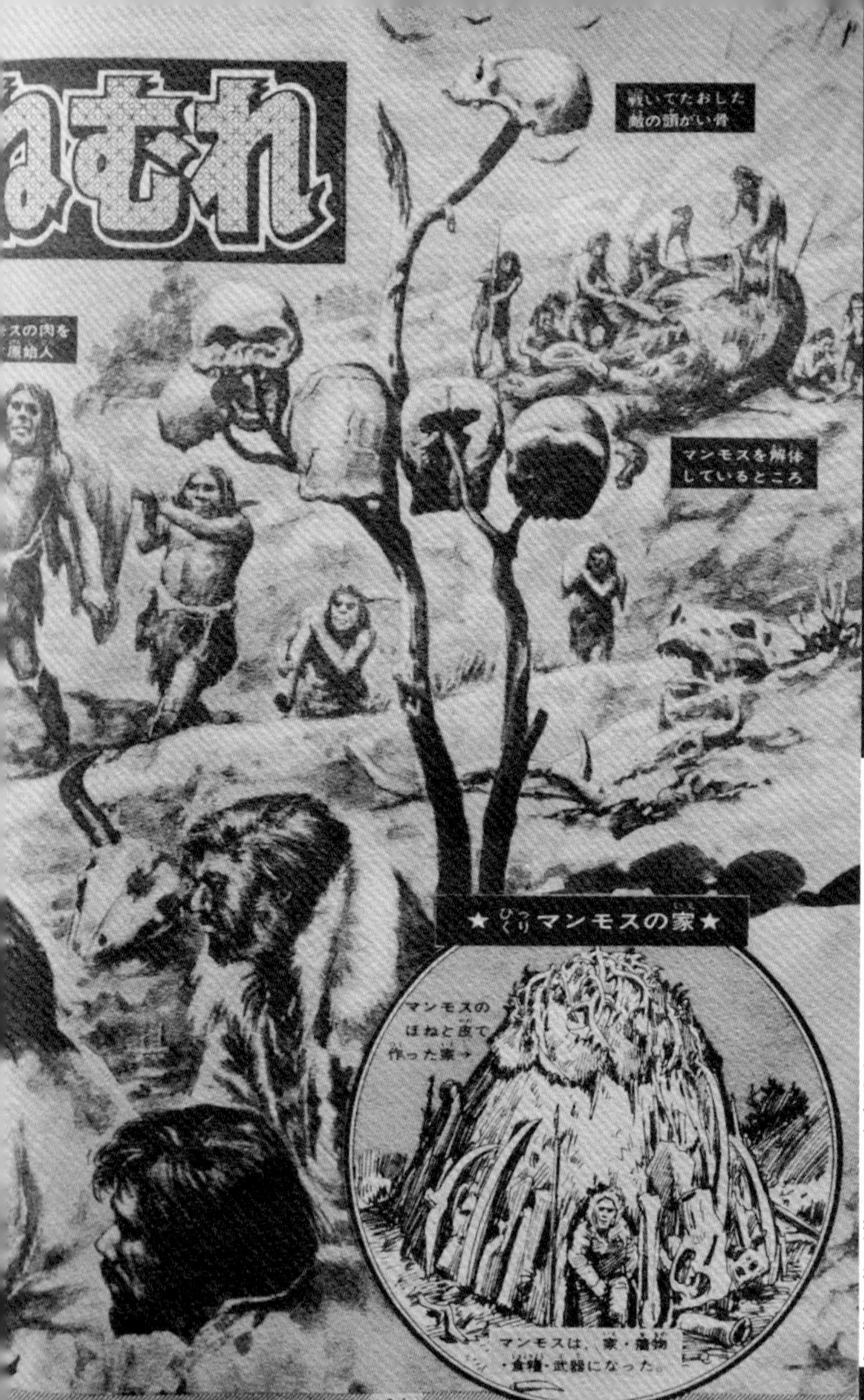
ねむれ
戦いてたおした
敵の頭がい骨
スの肉を
原始人
マンモスを解体
しているところ
★びっくりマンモスの家★
マンモスの
ほねと皮で
作った家→
マンモスは、家・着物
・食糧・武器になった。

マンモス戦士よ　やすらかにねむれ（1966年）／南村喬之

一見、妄想的古代史のようだが、「マンモス狩り」や「マンモスの家」の痕跡は実際に発見されている

マンモス戦《せん》士よ やすらかに

いま、マンモスと戦って死んだゆうかんな戦士が、ほうむられようとしている。戦士のまわりに食糧と武器をならべ、はかあなを、マンモスの太もものほねで、しずかにふさぐのだ……。その上から、人々の手によって、つぎつぎにまっかな土がまかれる。最後までりっぱに戦ったマンモス戦士よ、やすらかにねむれと……。

赤い土
マンモスのもものほね
死んだ戦士
マンモスのきば

カラー大画報 原始人《げんしじん》の世界《せかい》

死の直前に催眠術をかけておいたら、死者はどうなるだろうか。
そのとき、バルデマー氏は肺結核が悪化して、まもなく死ぬところだった。わたしはバルデマー氏の脈のとまる直前、かれに催眠術をかけてみた。やがて、かれの脈
催眠状態をとかれたバルデマー氏。
死《し》体《たい》催《さい》眠《みん》術《じゅつ》の恐《きょう》怖《ふ》
本傑作戦闘機シリーズ!!
KSN
1/28完全スケールモデル
飛燕
キー61
プロペラが廻る。直線走行 翼端灯点滅
補助翼可動 風防がスライドする。
商会 東京都荒川区 町屋6−2−5
¥600（モーター別）
●機長…310%
●翼巾…430%
●モーターF13
●電池単3−2本使用

死体催眠術の恐怖（1969年）／南村喬之

恐怖の世界
ちびるかかすかに動いて、地獄から聞こえてくるような声がした。

「わたしはいま死んでしまった。」

死者はそれから七か月のあいだ死んだときのままのすがたで、ミイラのようにすわっていた。

七か月がすぎて、死者の催眠状態をといたしゅんかん、バルテマー氏の死体は、どろどろにとけだして、すっかりくずれてしまった。


ポーの小説『ヴァルドマー事件の真相』より。ジョージ・A・ロメロも映像化した臨終催眠場面

天国の使者ハゲタカ（1970年）／南村喬之

インドの、火をうやまう宗教のパーシイ人《じん》にとっては、火を使って死体を焼くなどもってのほかで、死者《ししゃ》は鳥のえさにする。人間は動物を食べるから、人《ひと》も死ねば、鳥獣のえさになるのが自然の法則だと考えているのだ。その鳥葬場が、ボンベイの西のマラバール丘に立つ五つの「沈黙の塔」だ。

塔の内側は3段になっていて、上段に男、中段に女《おんな》、下段に子どもを置くよう決められている。

死体が置かれると、無数のハゲタカが死体めがけておそいかかる。そのとき、塔《とう》の番人《ばんにん》は、ハゲタカの第《だい》一撃が、左右どちらの目をついばむかに注目する。もし右の目ならば、死者は天国《てんごく》へ行くと考《かんが》えている。だから、ハゲタカは天国の使者《ししゃ》でもあるのだ。

↑羽をのばすと1mもあるハゲタカ。ときどき、ボンベイの町に死肉を落とすことがある。

逃げ出す遺族たち↓

■チベットのハゲタカ葬《そう》■　儀式《ぎしき》は山上《さんじょう》で行《おこ》なわれる。頭《あたま》がくだかれ，腸《ちょう》も心臓《しんぞう》も取《と》り出《だ》されて，ハゲタカのえさとなる。チベット人《じん》は，人間《にんげん》の頭《あたま》には58の神《かみ》，心臓《しんぞう》には42の神《かみ》がいるのでハゲタカによって天《てん》に帰《かえ》ると信《しん》じている。

■アフリカの獣葬《じゅうそう》■
中央《ちゅうおう》アフリカの原住民《げんじゅうみん》は，死者《ししゃ》をライオンやサイなどに食《く》わせる。野獣《やじゅう》が，生《い》きた人間《にんげん》を食《く》わないようにという願《ねが》いからだ。奴隷貿易《どれいぼうえき》が盛《さか》んなころは，内臓《ないぞう》を好《この》んで食《た》べるハイエナの獣葬《じゅうそう》が行《おこ》なわれた。

絵　南村喬之

天国《てんごく》の使者《ししゃ》ハゲタカ
①死体《したい》がはこびこまれる。
②はだかにして清《きよ》め、最後《さいご》の別《わか》れをする。
③男《おとこ》の死体《したい》
に置かれ、
経をとなえ
④女《おんな》の死体《したい》は中段《ちゅうだん》へ。
⑤下段《げだん》には子ども。

インドやチベットの「鳥葬」を紹介。絵にも死臭が漂うが、手順を逐一説明している解説文も凄絶

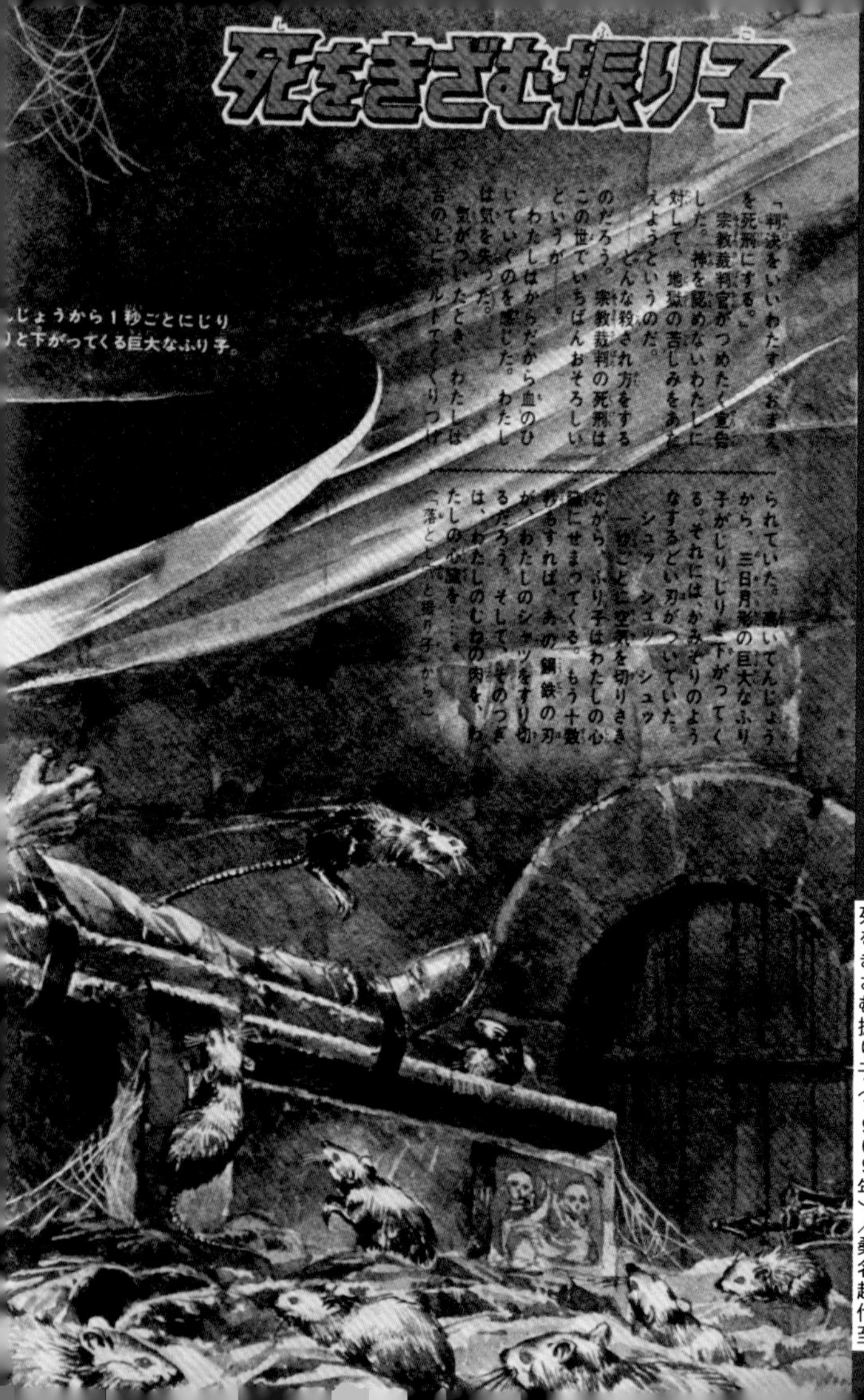

死をきざむ振り子
「判決をいいわたす。おまえを死刑にする。」

宗教裁判官がつめたく宣告した。神を認めないわたしに対して、地獄の苦しみをあたえようというのだ。

どんな殺され方をするのだろう。宗教裁判の死刑はこの世でいちばんおそろしいというが……。

わたしはからだから血のひいていくのを感じた。わたしは気を失った。

気がついたとき、わたしは台の上にベルトでくくりつけられていた。高いてんじょうから、三日月形の巨大なふり子がじりじりと下がってくる。それには、かみそりのようなするどい刃がついていた。

シュッ　シュッ　シュッ
一秒ごとに空気を切りさきながら、ふり子はわたしの心臓にせまってくる。もう十数秒もすれば、あの鋼鉄の刃が、わたしのシャツをすり切るだろう。そして、そのつぎは、わたしのむねの肉を、わたしの心臓を……。

（「落とし穴と振り子」から）

じょうから１秒ごとにじり
と下がってくる巨大なふり子。


死をきざむ振り子（1969年）／桑名起代至

恐怖《きょうふ》の世界《せかい》
ベルトでしばられ、身動きもできず、ただきょうふに顔をゆがめる受刑者。
絵 桑名起代至
台上の受刑者が死ぬのをまっている人食い大ねずみのむれ。

ポーの小説「落とし穴と振り子」より。天知茂主演の乱歩ドラマでもおなじみのシーン

がいこつにかわる少女《しょうじょ》

しつもん

ガラス《がらす》をつかった、まじゅつを教《おし》えてください。

今《いま》から二百年《ひゃくねん》まえ、フランス《ふらんす》で、少女《しょうじょ》をがいこつにするまじゅつがひょうばんになりました。ぶ台《たい》のはこに少女《しょうじょ》がはいると、少女《しょうじょ》はだんだん、がいこつにかわっていくというまじゅつです。

下《した》の絵《え》のようにぶ台《たい》のななめにガラス《がらす》をはめ、下《した》にがいこつをおきます。がいこつに光《ひかり》をあてるとガラス《がらす》にうつって、少女《しょうじょ》がかわったように見《み》えるのです。

◎たねあかし

がいこつをだんだん立《た》てていくと、少女《しょうじょ》がだんだんうすくなって、がいこつになっていきます。

ガラス《がらす》のまじゅつ

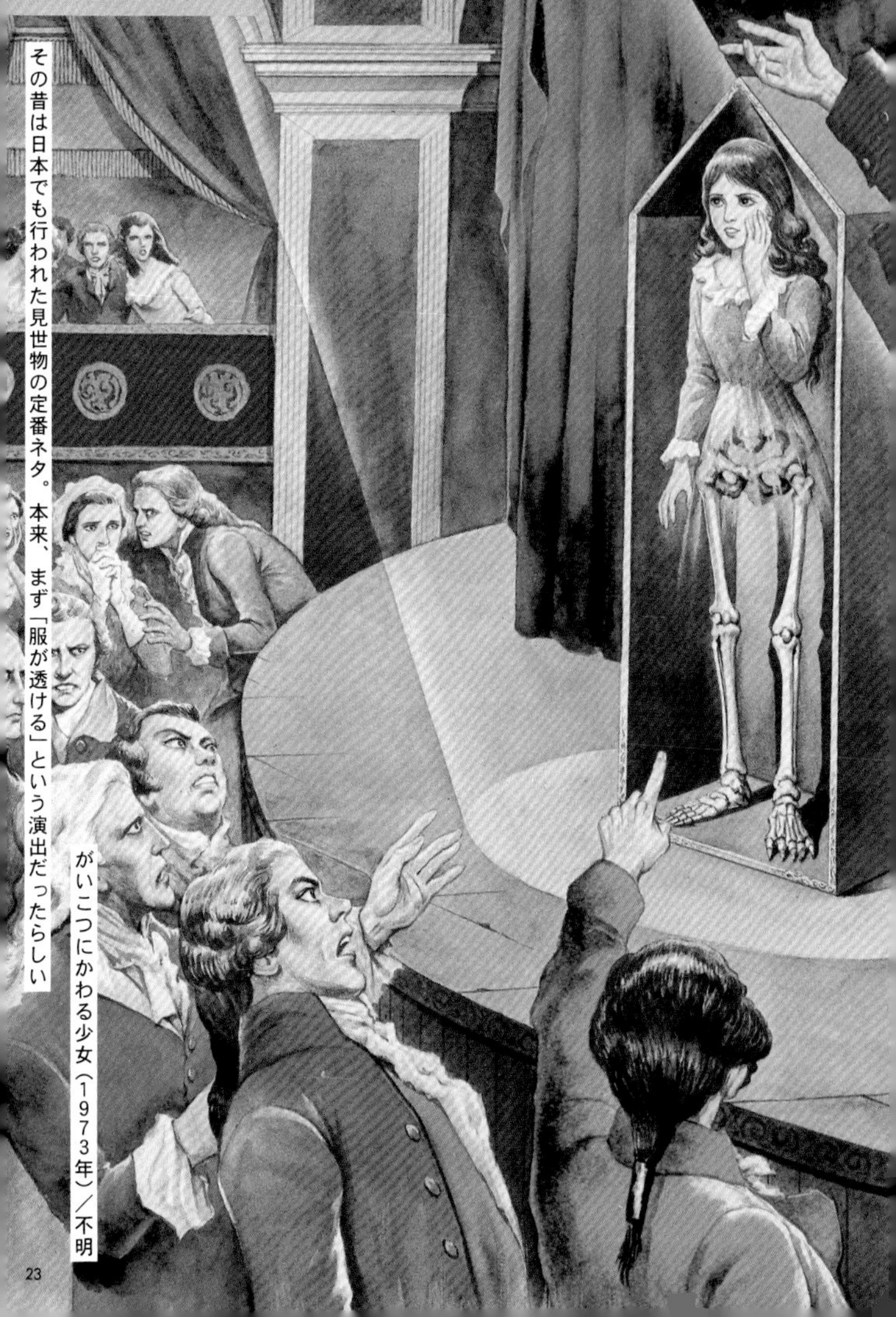

その昔は日本でも行われた見世物の定番ネタ。本来、まず「服が透ける」という演出だったらしい

がいこつにかわる少女（1973年）／不明

何度《なんど》かけかえても、流《なが》されてしまう橋《はし》があった。そこで、人柱《ひとばしら》をそなえ、川《かわ》の精霊《せいれい》のいかりを静《しず》めることになった。
くじびきで選《えら》ばれた十五さいにもならない少年《しょうねん》が、雨《あめ》の中《なか》、神主《かんぬし》ののりとに送《おく》られ、川底《かわぞこ》のあなに投《な》げこまれた。
大《おお》むかし、人々《ひとびと》は山《やま》や川《かわ》には、目《め》に見《み》えない精霊《せいれい》がすむと考《かんが》えた。橋《はし》やつつみが流《なが》されるのは、川《かわ》の精霊《せいれい》のいかりにふれるためだといわれた。精霊《せいれい》をなぐさめ、人間《にんげん》の霊《れい》の力《ちから》で不動《ふどう》の土台《どだい》をきずこうとしたのが人柱《ひとばしら》だ。（人柱《ひとばしら》伝説《でんせつ》の分布《ぶんぷ》＝岡山県《おかやまけん》津山《つやま》嵯峨井堤《さがいぜき》、静《しず》岡県《おかけん》田方郡《たがたぐん》狩野川《かのがわ》江間《えま》付近《ふきん》など全国各地《ぜんこくかくち》。なお、人柱《ひとばしら》が実際《じっさい》にあったかどうかは、民俗学的《みんぞくがくてき》に確認《かくにん》されていない。）
TAKACHI

激流にしずむ人柱（1969年）／南村喬之

くじ引きで決められた少年が問答無用で犠牲になる……という恐ろしい「人柱」の儀式

①首《くび》のまわりを残《のこ》して，ヘビの皮《かわ》をはぐ。

②といだ米にしょうゆをそそぎ，ヘビをのせる。

⑧あなのあいたふたをかぶせる。

■ネズミの蜂蜜《はちみつ》づけ（シンガポール）

生《う》まれたてて、まだ毛《げ》のはえそろってないネズミの子《こ》に、砂糖水《さとうみず》を与《あた》えて腹《はら》の中《なか》がすっかりきれいになるまで、数日間《すうじつかん》飼育《しいく》する。

こうして、きれいになったネズミを生《い》きたまま蜂蜜《はちみつ》の中《なか》につけるのだ。

もちろん、おぼれてもがき、何度《なんど》も蜂蜜《はちみつ》を吸《す》いこむわけだが、ころあいを見《み》て、口《くち》に放《ほう》り込《こ》み、頭《あたま》をかんでチューと鳴《な》かすのが、この料理《りょうり》のオツな食《た》べ方《かた》というからおどろく。

残酷！肉食法（1970年）／石原豪人

■ニワトリの山焼《やまや》き料理《りょうり》（日本《にっぽん》）

秋《あき》も深《ふか》まり枯《か》れ葉《は》がつもるころ，首《くび》だけ出《だ》して土中《どちゅう》に埋《う》めたニワトリに，落《お》ち葉《ば》をかけて火《ひ》をつける。苦《くる》しみ鳴《な》きさわぐ口《くち》へ，くり返《かえ》したっぷりしょうゆをそそぎ，まいったところを引《ひ》き出《だ》して木《こ》の葉《は》でむし焼《や》きにする。これをナイフで肉《にく》をむしって食《た》べる味《あじ》はまた格別《かくべつ》だ。むかしから茨城県《いばらきけん》に伝《つた》わる料理法《りょうりほう》。

■カラスのローソク焼《や》き（日本《にっぽん》）

カラスの肉《にく》は臭気《しゅうき》が強《つよ》い。だが，この臭気《しゅうき》さえぬければ，けっこうイケル味《あじ》だ。

信州《しんしゅう》では，この臭気《しゅうき》をぬくため，半殺《はんごろ》しのカラスの肛門《こうもん》に灼熱《しゃくねつ》した火《ひ》ばしをつき入《い》れ，2，3度《ど》ひねって引《ひ》きぬく。火《ひ》ばしに腸《ちょう》がくっついて引《ひ》き出《だ》され，臭気《しゅうき》が残《のこ》らないからだ。土中《どちゅう》に一日埋《う》めて臭気《しゅうき》をぬく地方《ちほう》もある。

■ネコの袋料理《ふくろりょうり》（香港《ホンコン》）

香港《ホンコン》で虎料理《とらりょうり》という看板《かんばん》を出《だ》しているところは，実際《じっさい》はネコの料理店《りょうりてん》だ。

いちばん味《あじ》の落《お》ちない料理法《りょうりほう》は，さわぐネコを袋《ふくろ》に入《い》れ，水中《すいちゅう》に投《な》げ込《こ》み，おぼれて動《うご》かなくなってから内臓《ないぞう》をぬく。これをゆで，やわらかくなった肉《にく》を，手《て》でちぎって食《た》べる。岡《おか》フグといわれるぐらいフグそっくりの味《あじ》だ。

オエッ！ 蛇、カラス、ネズミ、猫……。豪人先生の精妙なペン画で描かれる残酷料理の数々

残酷《ざんこく》！ 肉食法《にくしょくほう》

まず生きねばならなかった原始人《げんしじん》には、残酷という感情《かんじょう》はなかった。だが、今《いま》も野生《やせい》のなごりを残《のこ》す残酷料理《ざんこくりょうり》は、まさにモーレツ！

④火
らの
ビの
⑤めしがたき上がったら、ヘビの首を引っぱれば、肉を残して骨だけきれいに取れる。
⑥めしとヘビの肉をよくまぜる。
絵／石原豪人

■ヘビめし

古来より信州地
この料理のコツは、
前にヘビを入れる
上がってからでは
けて、あなから首

理に仕上がる。猫子の目頭を浮かし、生のまま食べるのが食通の食べ方というが、これを食べる勇気のある人が何人いるんだろうか。

■サルのコブ料理《りょうり》（中国）

これは、皇帝用に考えられた高級料理。生きたサルをあばれないようにおさえつけ、たたみ屋が使うような太い針を何本もたばねたもので頭部をめったやたらにつっつく。それから檻に放して食物を豊富に与え、これを毎日くり返して一週間つづける。頭がコブのようにふくれたところをえぐり取って味付けをする。

■美声剤《びせいざい》ナメクジ

ナメクジを油《あぶら》で揚《あ》げると，かたくなって食《た》べにくい。台湾《たいわん》では，五目《もく》スープのだしにするだけで食《た》べないが，日本《にっぽん》では黒砂糖《くろざとう》の中《なか》に入《い》れ，ドロドロのおも湯《ゆ》のようにして飲《の》む。科学的《かがくてき》な証明《しょうめい》はないが，声《こえ》を良《よ》くする薬《くすり》だと信《しん》じられている。また生《なま》のままの方《ほう》がよくきくといわれる。

■ビタミン食品《しょくひん》馬《ば》ふんせんべい

キクユ族《ぞく》の住《す》むケニア地方《ちほう》は，ひじょうにやせた土地《とち》で，緑《みどり》が少《すく》なく遊牧生活《ゆうぼくせいかつ》をしているので，作物《さくもつ》もあまりとれない。そこで，青物《あおもの》のビタミン不足《ぶそく》を補《おぎな》うため，草《くさ》を食《た》べる馬《うま》のふんを集《あつ》めて壁《かべ》にはり，赤道直下《せきどうちょっか》の太陽熱《たいようねつ》でからからにかわかす。臭《にお》いはまったくなく，ぱりぱり音《おと》がするところはせんべいそっくり。

絵《え》／石原豪人《いしはらごうじん》

効力抜群！ キッカイ料理（1970年）／石原豪人

さらに続く豪人食堂の怪メニュー。「ナメクジ水」を飲む女の子の可憐な表情に目が釘付け!

効力抜群《こうりょくばつぐん》! キッカイ料理《りょうり》

人間《にんげん》
きるた
でもな
い、美《び》
望《ぼう》のた
もよろ

美《び》人《じん》食《しょく》大《おお》コウモリ

ヤップ島《とう》で女性《じょせい》の最高《さいこう》の美容食《びようしょく》は大《おお》コウモリだ。翼《つばさ》の長《なが》さは2、3メートルもあり，すんでる場所《ばしょ》は小便《しょうべん》の臭《にお》いがたちこめているにもかかわらず，女性《じょせい》は美人《じん》になりたい一心《しん》でつかまえに行《い》く。

料理法《りょうりほう》は，海水《かいすい》で十分《ぶん》に煮《に》てから毛《け》をこすって抜《ぬ》き，ぶつ切《き》りにして焼《や》く。魚《うお》より栄養《えいよう》に富《と》んでいて，女性《じょせい》の肌《はだ》を美《うつく》しくするといわれる。

思《おも》いがけない事故などで急死《きゅうし》人のからだを選《えら》び，棺《かん》に入《い》れてわくまで，5，6日放《にちほう》っておく棺《かん》に穴《あな》をあけ，臭気《しゅうき》の強《つよ》いものびき出《だ》す。これをタレにつけてが，皮《かわ》もすじもなく，栄養分《えいようぶん》は同《おな》じだという。中国《ちゅうごく》に伝《つた》わる仙《せん》

の子雑炊《こぞうすい》
（日本《にっぽん》）

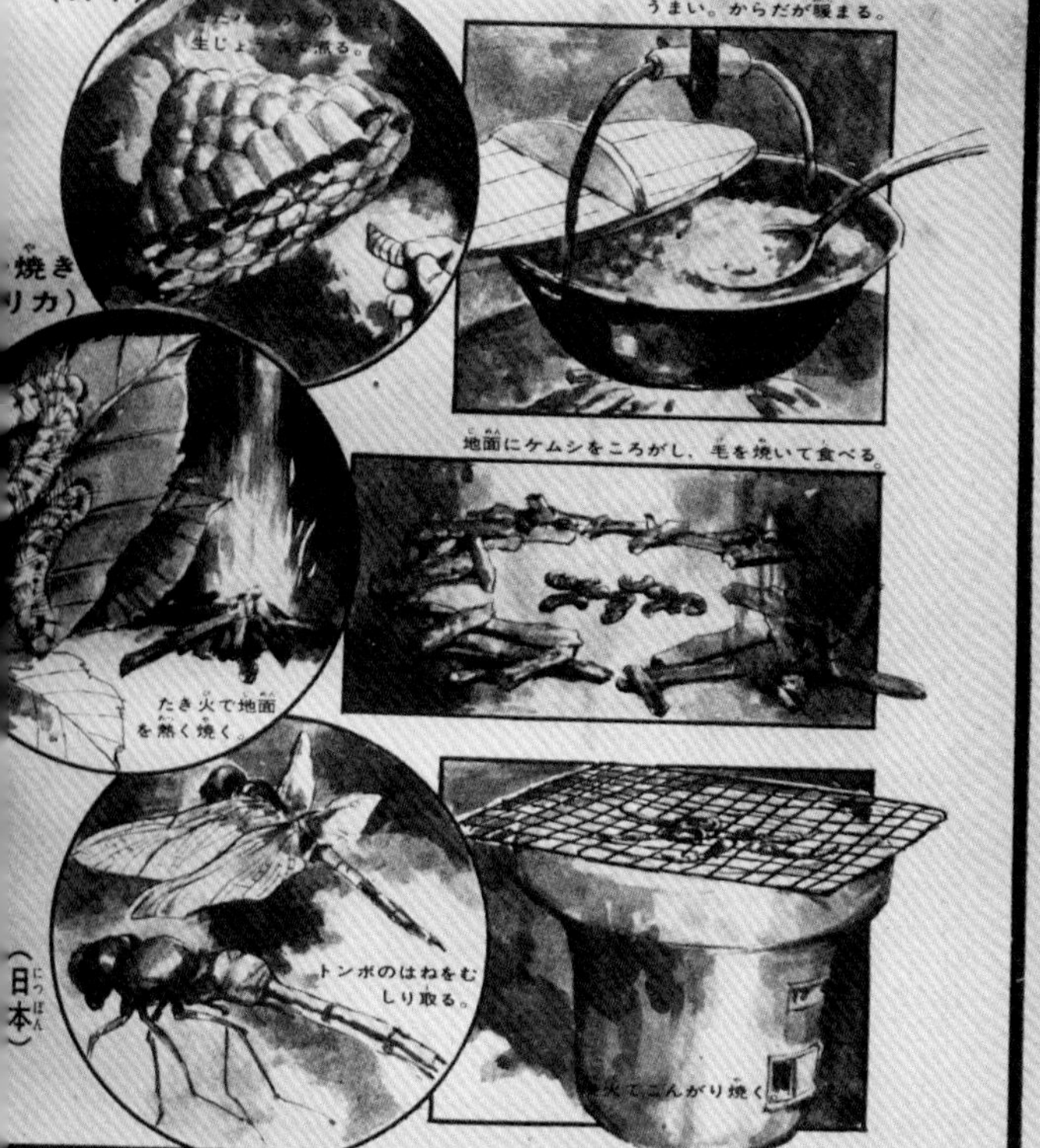

これを飯《めし》と雑炊《ぞうすい》にすると、
うまい。からだが暖《あたた》まる。
地面《じめん》にケムシをころがし、毛を焼いて食べる。
たき火で地面を熱く焼く。
トンボのはねをむしり取る。
火でこんがり焼く。

焼《や》き
リカ）

（日本《にっぽん》）

を祖先《そせん》と信《しん》じてい
は、イモムシを
すくなるまで火
の器に保存《ほぞん》する。
なくなると、こ
つぶしてなめな
シの繁殖《はんしょく》を祈《いの》る。

■イモムシ（オーストラリア）

高冷地《こうれいち》に住《す》む山地人《さんちじん》にとっては、ハエのウジも貴重《きちょう》なたんぱく源《げん》。ウジを竹筒《たけづつ》に入れて煮《に》ると、熱《ねつ》のまわりが遅《おそ》く、ウジの汚物《おぶつ》をはき出《だ》させるし、竹《たけ》の香《こう》ばしいかおりの味《あじ》つけができる。

■ウジ（ベトナム）

すり鉢《ばち》に似《に》た石《いし》の道具《どうぐ》で、生《い》きているアリの群《む》れをすりつぶし、黒《くろ》いのり状《じょう》にしてカレーにまぜる。蟻酸《ぎさん》の味《あじ》でピリッと舌《した》がしまっておいしい。ボルネオでは、米《こめ》にまぜ、景気ばらいのアリ飯にする

■アリ（タイ・ボルネオ）

格安《かくやす》！　昆虫食《こんちゅうしょく》

一寸《すん》の虫《むし》にも五分《ぶ》の魂
などといっても、人間様
はいっさい無視《むし》。見《み》る人
が見《み》れば、これもおいし
い料理《りょうり》に早《はや》がわり。

■カの目玉《めだま》スープ
（中国《ちゅうごく》）

コウモリのふんを集め
て網のふるいで洗い出すと、不消
化の目玉のみが残る。

■ムカデのから揚《あ》げ
（ドイツ）

一つかみ
うどん粉と

絵《え》／柳《やなぎ》　柊二《しゅうじ》

■その他《た》（メモ）

オーストラリアの砂漠《さばく》民《みん》は、ガのはねを取り、胴《どう》を火《ひ》にあぶって食《た》べる。
だが、くさくてどうしてもダメなのはホタル。ミミズも、いかに料理《りょうり》してもまずくて食えない。

■ゲンゴロウ（日本《にっぽん》・中国《ちゅうごく》）

マレーシアでは、親指大《おやゆびだい》のタガメをむし、油《あぶら》をそえて道《みち》ばたで売っている。人々《ひとびと》は、このタガメの手足《てあし》をちぎり、油《あぶら》をつけて硬《かた》い殻《から》の中身《なかみ》を吸《す》う。タイでは、野菜《やさい》をそえ、ソースをかけたものが高級料理《こうきゅうりょうり》の一つ。

信州《しんしゅう》では
昼夜冷水《ちゅうやれいすい》に
はねをむし
で煮て佃
のまま食
で煮て干し
スルメの

昆虫づくしのゲテモノ料理フルコース。「格安！」とか、そういう問題なのか？

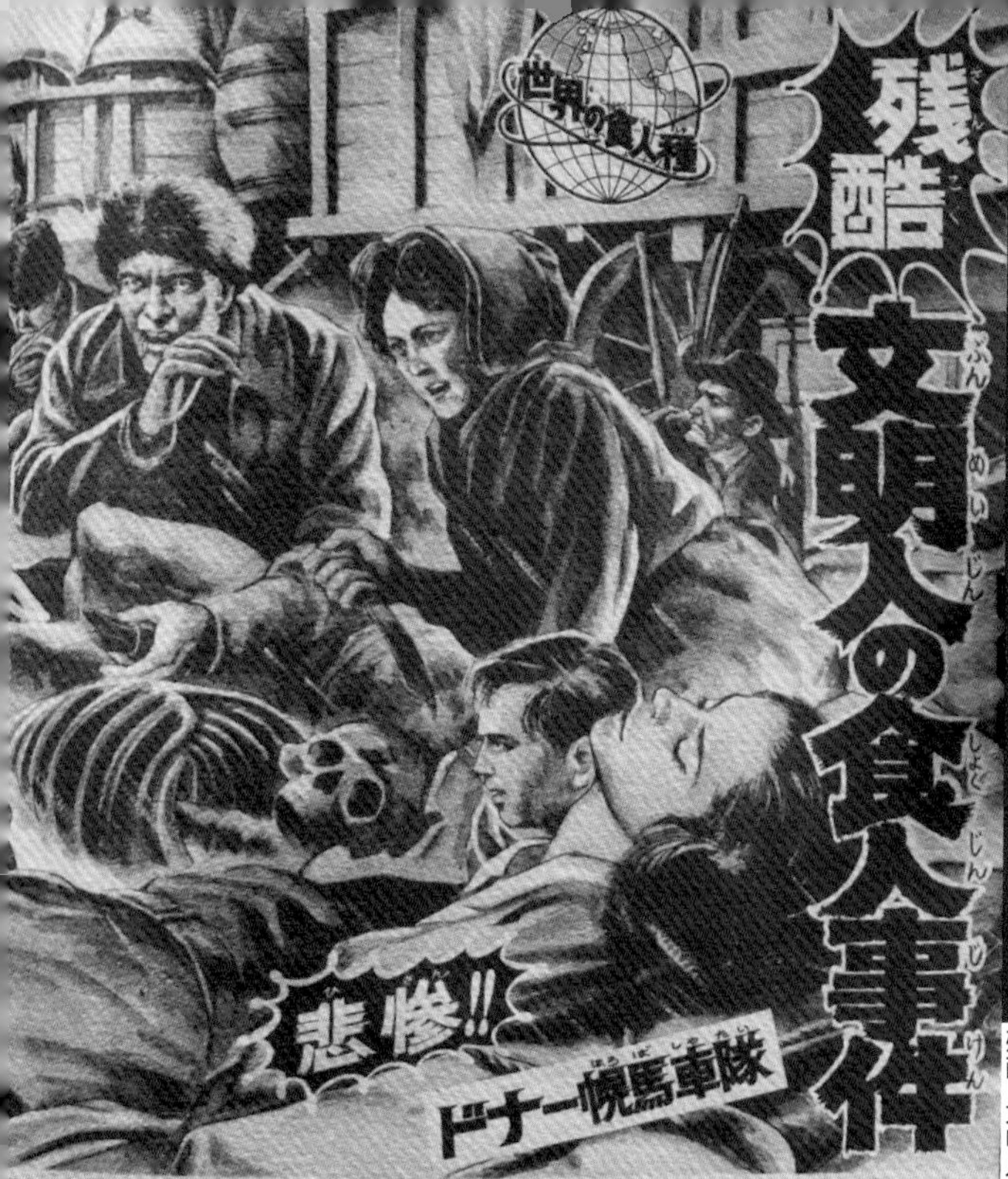

残酷　文明人の食人事件（1968年）／山本耀也

生きのこった将軍のなぞ

アメリカの将軍J・フリーモントの一行は、西部を探検中、道にまよい、7人の部下は、つぎつぎと、飢えと寒さのために死んでいった。だが、将軍だけは生きのこり、救出されたときは、おもいのほか元気で、どこもよわっていなかった。

だが、しらべてみると、部下の死体を食べたあとが発見され、将軍はアメリカじゅうの非難をあびた。

悲劇の輸送船メデュース号

以前、フランスが、フランス領ギニア（[illegible]）へ、軍隊と移民を運ぶため、"メデュース号"を派遣したことがある。ところがとちゅう、船は難破し、人々は、いかだを組んでアフリカにわたることになった。そのうち、食糧はなくなり、

ついに、人間の肉を食べはじめた。

やっと、たすけだされたときは、いかだの上は、人肉でいっぱいだっ

文明社会における「食人事件」の数々。コメントしかねるヤバイ記事が満載……

幼児《ようじ》を食《く》った農民《のうみん》

150年前の天明大ききんのとき、岩手県の農村では、食糧がなくなり、子どもの肉を食ったという、なんとも悲しい記録がある。

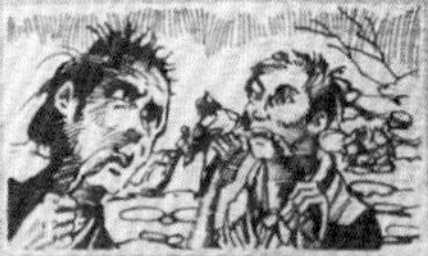

地獄《じごく》の『良栄丸《りょうえいまる》』

大正時代、漂流した漁船『良栄丸』は、まさに、この世の地獄だった。食糧もつきはて、ついに、死んだ仲間の肉まで、食った。

戦友《せんゆう》を食《く》う日本兵《にっぽんへい》

インパール作戦は、日本軍の総敗北だった。日本兵は、どろ沼の中をさまよい歩き、戦友の肉を、ひきちぎって食べたという。

なぞのすき焼《や》き事件《じけん》

戦争中に、米軍の捕虜が九州大医学部で、生体解剖されたことがある。そのあと、その肉をすき焼きにまぜて、食べたという。

アメリカの開拓時代《かいたくじだい》、ドナーの幌馬車隊《ほろばしゃたい》で、食人《しょくじん》がおこなわれた。隊長《たいちょう》ドナーにつれられた一行《いっこう》は、ネバタの森林地帯《しんりんちたい》で力《ちから》つき、ついには、死者《ししゃ》の肉《にく》をも食《く》ったのだ。

え／山本耀也

グリーリー探検隊の恐怖

一八八四年、アメリカのグリーリー大佐一行は、北極探検のとちゅう、氷れつなふぶきに閉じこめられてしまった。大佐は、氷の小屋をつくり、救援隊の到着をまちつづけた。

1か月、2か月……。飢えと寒さで、一行はどんどんたおれていった。が、大佐と数人の部下だけは、ふしぎと元気だった。それは、死んだ探検隊員の肉をわけて、食べていたからだ。

呪いをよぶ黒ねこ（1969年）／小松崎茂

絵・小松崎茂

←毛をさかだて、うらみをこめてなく黒ねこ。

←かつて、この地下室で殺された男たちの死体。

←ミイラのようになった妻の死体。

わたしは長いあいだ、大きな美しい一ぴきの黒ねこをかわいがっていた。

ところが、ある夜、酒によって狂暴になったわたしは、ねこの片目をナイフでえぐりとってしまった。それだけでなく、ロープを首にかけると、庭の木につるして殺してしまったのだ。

それ以来、わたしは怪奇な幻想になやまされるようになった。光るねこの目、まつわりつく黒いかげ……。

ある日、

呪《のろ》いをよぶ黒《くろ》ねこ

妻の死体を発見され、
その変わりぶりを見て
おびえるわたし。
かべの中を
調べる警官。
STATE POLICE

中《なか》にぬりこめてしまえば、発見《はっけん》される心配《しんぱい》はないと思《おも》ったからだ。この日《ひ》から、いまいましい黒《くろ》ねこがすがたを消《け》したので、わたしは何日間《なんにちかん》かおだやかな日《ひ》を送《おく》った。

ある朝《あさ》、妻《つま》のゆくえ不明《ふめい》を調《しら》べにきた警官《けいかん》たちが、地下室《ちかしつ》におりると、かべのむこうから悪魔《あくま》のようななき声《こえ》がきこえた。

警官《けいかん》がすぐかべをこわすと、なかばミイラ化《か》した妻《つま》の死体《したい》と、まっかな口《くち》をあけて、火《ひ》のような片目《かため》を光《ひか》らせた黒《くろ》ねこが現《あら》われた。わたしは黒《くろ》ねこをかべの中《なか》にぬりこめていたのだった。悪魔《あくま》のような声《こえ》は、黒《くろ》ねこのうらみの声《こえ》だったのだ。（「黒猫《くろねこ》」から。）

恐怖《きょうふ》の世界《せかい》

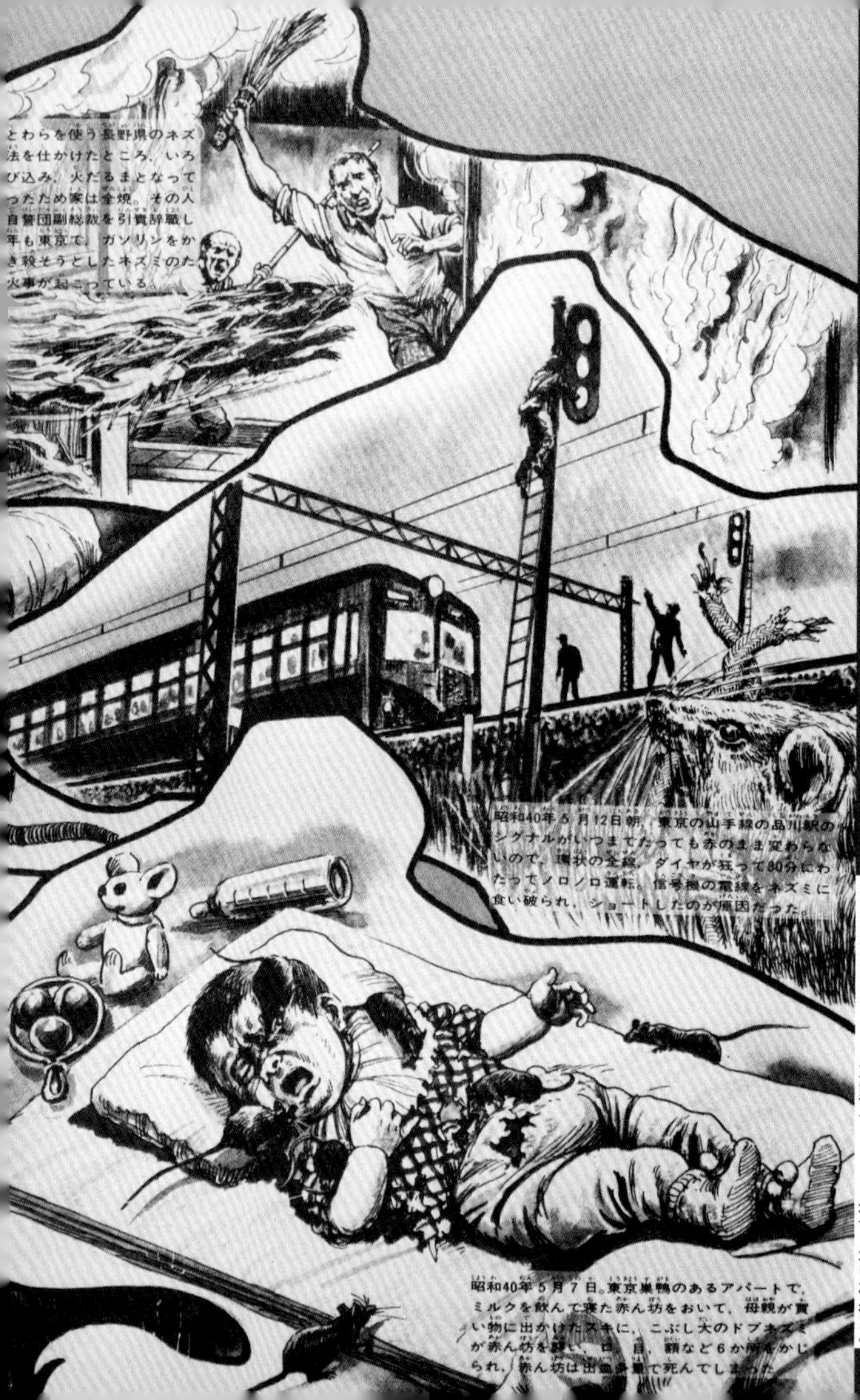
とわらを使う長野県のネズ
法を仕かけたところ、いろ
び込み、火だるまとなって
ったため家は全焼。その人
自警団副総裁を引責辞職し
年も東京で、ガソリンをか
き殺そうとしたネズミのた
火事が起こっている。
昭和40年5月12日朝、東京の山手線の品川駅の
シグナルがいつまでたっても赤のまま変わらな
いので、環状の全線、ダイヤが狂って80分にわ
たってノロノロ運転。信号機の電線をネズミに
食い破られ、ショートしたのが原因だった。
昭和40年5月7日。東京巣鴨のあるアパートで、
ミルクを飲んで寝た赤ん坊をおいて、母親が買
い物に出かけたスキに、こぶし大のドブネズミ
が赤ん坊を襲い、口、目、額など6か所をかじ
られ、赤ん坊は出血多量で死んでしまった
神出鬼没のゲリラ活動（1970年）／南村喬之

ネズミの恐怖を大特集。実際に起こったむごたらしいネズミ被害を南村先生が陰惨に再現！

神出鬼没《しんしゅつきぼつ》のゲリラ活動《かつどう》

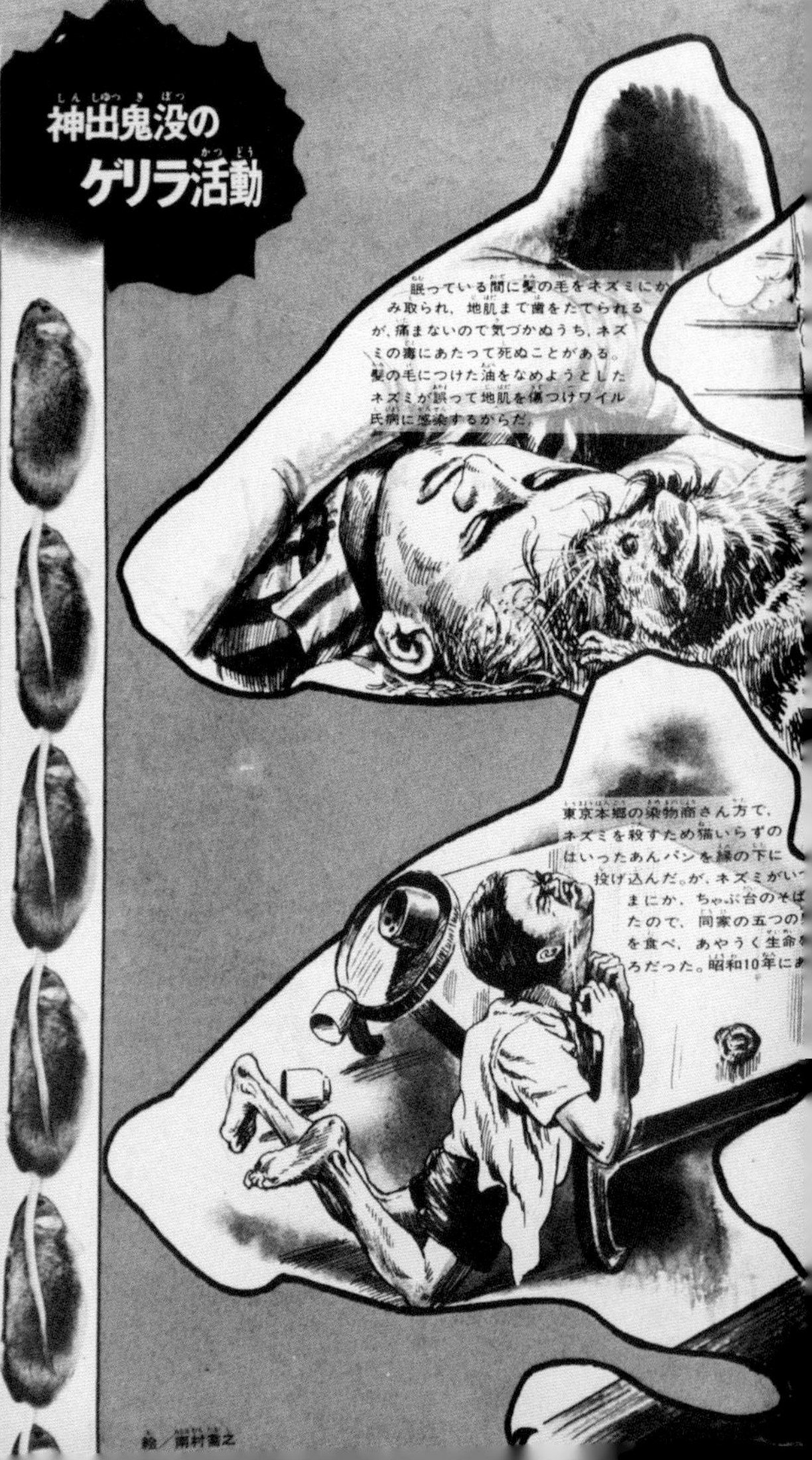
眠《ねむ》っている間《あいだ》に髪《かみ》の毛《け》をネズミにかみ取《と》られ，地肌《じはだ》まで歯《は》をたてられるが，痛《いた》まないので気《き》づかぬうち，ネズミの毒《どく》にあたって死《し》ぬことがある。髪《かみ》の毛《け》につけた油《あぶら》をなめようとしたネズミが誤《あやま》って地肌《じはだ》を傷《きず》つけワイル氏病《しびょう》に感染《かんせん》するからだ。
東京本郷《とうきょうほんごう》の染物商《そめものしょう》さん方《かた》で，ネズミを殺《ころ》すため猫《ねこ》いらずのはいったあんパンを縁《えん》の下《した》に投《な》げ込《こ》んだ。が，ネズミがいつまにか，ちゃぶ台《だい》のそばたので，同家《どうけ》の五つのを食《た》べ，あやうく生命《せいめい》ろだった。昭和《しょうわ》10年《ねん》にあ
絵／南村喬之

サイクリング
怪奇旅行
怪奇旅行
スピードメーター・風力計
速度と風圧が一目でわかる
ハンドル　肩・手・腰を結んだ線が正三角形になるように調節する
チェンジ・レバー　前にたおすほどロー・ギアになる
ランプ　夜間とトンネルの走行にそなえてぜひ必要だ
ブレーキ　急停止できるようリムに凹凸がついている

日本ミイラ地帯　サイクリング怪奇旅行（1971年）

サイクリンク
日米富士自転車
フレーム　自転車をかつく
きここ〈トップ・チューブ〉をもつとラ
サドル　かかとをペダルにの
せひざがらくにのびる高さに
テールライト・ストップ
ライト　これて　うしろ
は安全だ
バッグ　大量の荷物があるキ
ャンピングなどの場合便利だ
SAFARI

多くの人の記憶に残る伝説の特集。大伴昌司氏の仕事のなかでも最高にブッ飛んだ内容！

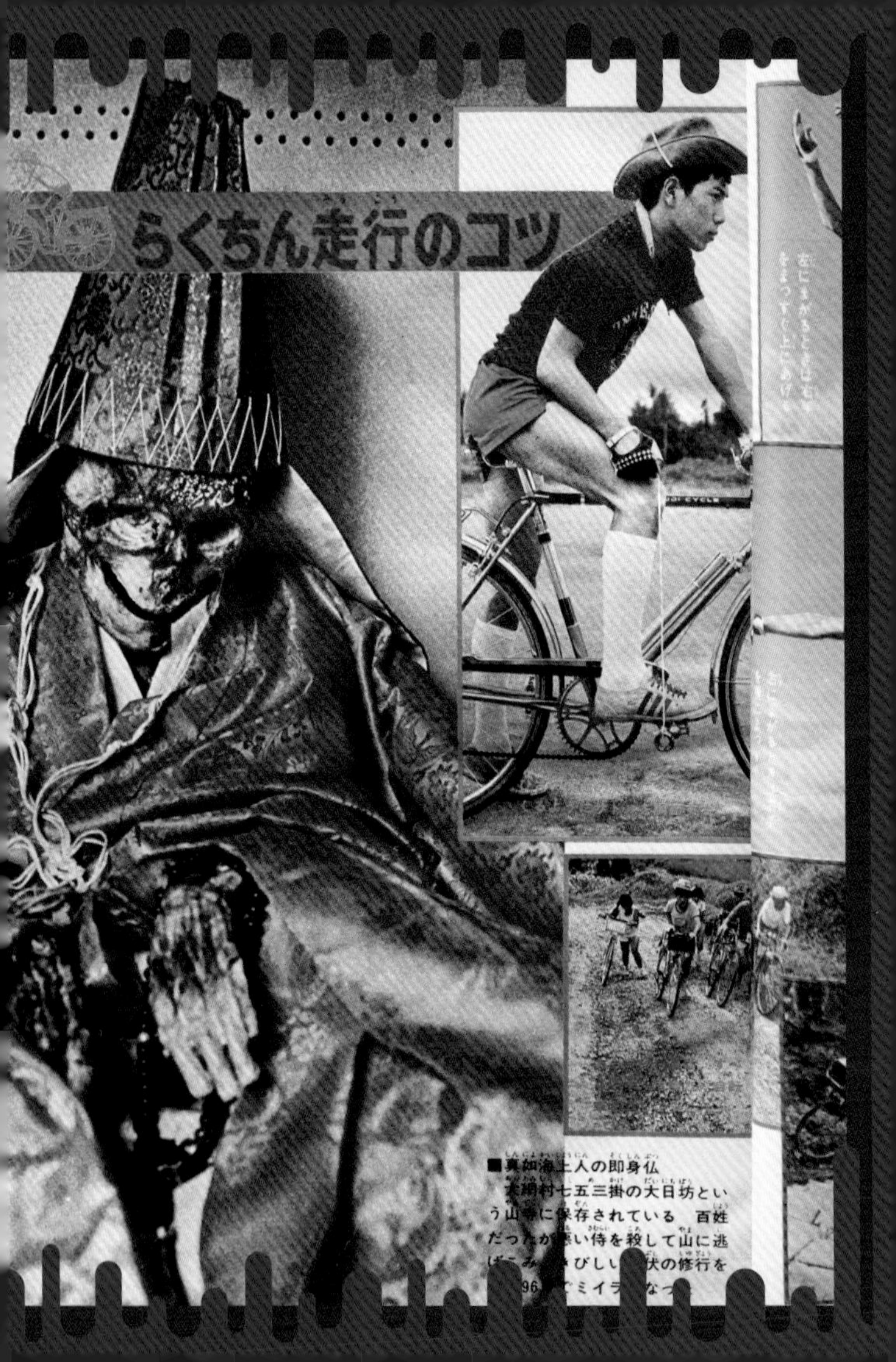

■真如海上人《しんにょかいしょうにん》の即身仏《そくしんぶつ》
大網村七五三《しめ》掛《かけ》の大日坊《だいにちぼう》という山寺に保存されている　百姓《しょう》だったが悪い侍《さむらい》を殺《ころ》して山《やま》に逃げこみきびしい山伏の修行《しゅぎょう》を
96　でミイラ　なっ

サイクリング装備
上にきるものはからだを自由に動かせるものをえらぼう 雨のことも考え防水性のものもいいよ
女性は帽子のかわりにネッカチーフでもいい
▲地図と磁石は必ず持っていくこと
▼雨にそなえてこんなポンチョもある
UNIVERSITY
KNAP SACK

サイクリング怪奇旅行

当時の子どもたちに深いトラウマを残し、今も70年代っ子たちの間で語り草になっている『少年マガジン』巻頭企画「サイクリング怪奇旅行」。もちろん企画構成は大伴昌司御大。

内容そのものは「楽しく安全なサイクリンのハウツー」であり、自転車の選び方から必要な装備、服装、コース設定の方法、走行マナーなどを具体的かつ親切に解説しており、非常に有用性の高い記事なのだ。

が！　なぜか記事内で設定されているサイクリング旅行の最終目的は「ミイラ見物」。陽気な少年少女たちの楽しげなサイクリング写真に混ざって、ものすっごく唐突に生々しい「即身仏」写真がレイアウトされていた。このあまりに場違いな感じに当時の読者はギョッとし、震撼し、混乱しまくったのである！

人間《にんげん》をまっぷたつ

しつもん

世界《せかい》には、どんな大《だい》まじゅつがありますか。

世界《せかい》には、いろいろな大《だい》まじゅつしがいて、おどろくようなまじゅつを見《み》せてくれますね。その中《なか》でも、とくにびっくりするのは、人間《にんげん》をころしたり、生《い》かしたりするまじゅつです。

上《うえ》の絵《え》は、きれいな女《おんな》の人《ひと》のおなかを、電気《でんき》のこぎりでざくざくときって、まっかなちがながれだし、おもわず目《め》をそむけたくなるような場面《ばめん》です。

この女《おんな》の人《ひと》は、ほんとうにしんでしまうのでしょうか。でも安心《あんしん》してください。まじゅつしが「エイッ《えいっ》！」とかけごえをかけると、女《おんな》の人《ひと》はにっこりわらって、元気《げんき》に立《た》ち上《あ》がりますよ。

人間まっぷたつ（1974年）／不明

手品の図解にかこつけた危険な一枚。
うっすら漂うエロスは幼児の心に何を残したのか？

狂気

『狂気』～すべてが狂ってる！

　サテ、最後にご覧に入れますは、錯乱、乱心、ヒステリー、狐憑きに物狂い。イカレポンチに神懸かり、与太郎ノロマで左巻き。あたりまえと妙ちくりんの間の敷居をサラリと跨《また》ぎ越しまして、ソレ、あっちの方、奇妙奇天烈で頓珍漢《とんちんかん》、ちょいと滑稽で間の抜けました狂気の世界へとご案内。……と言いましても、ハテ、ここまでご覧に入れました絵図、これ皆おしなべてイカレ放題の狂い放題。今さら狂気もないもんだ、と首傾げるのも道理。ましてこれ、平成の世にお育ちになりましたお若い方々にしてみれば、昭和の時代の子ども文化はちとどうかしてやしないかと呆れ返って驚き桃の木山椒の木ってェことになるのも無理からぬこと。そこでちょいとご説明をば。

　本書で扱いました有象無象、すべてこれ、再三話に出てまいりました戦争直後の「怪魔」の時代より湧いて出たもの。つまりは児童雑誌が漫画全盛となるちょいと前、子らがこぞって読みました毒々しい絵物語を起源としております。これがズーッと時代を下りまして六〇年代初頭、子ども文化の世界に一人の偉人が登場いたします。天才の誉れも高い豪腕編集者、大伴昌司先生がそのお方。怪獣の腹ん中を生物図鑑風にパカリと開いて見せた『怪獣図鑑』を考案し、これに当時の子どもらは度肝を抜かれて飛びつきました。たちまち先生は「怪獣博士」の異名を取りまして、子どもらの文化を牽引する旗頭として八面六臂《はちめんろっぴ》のご活躍。その後の怪獣ブームの立役者となられます。

そしてエロ、グロ、ハレンチ、ナンセンスの時代に差し掛かりました一九六六年、先生は『少年マガジン』巻頭のグラビアの構成企画を担当いたします。これがまたまたスゴかった！『怪獣図鑑』で編み出しました手法を駆使いたしまして、オカルトから社会問題まで、何でもかんでも手当たり次第に取り上げて、小松崎茂、南村喬之、石原豪人など錚々たる絵師の先生の力作に写真も交え、有無を言わさずズバリと「図解」する。その豪快なヤリ口に男の子はシビレっぱなし。大伴流の「図解」という手法、ここに見事確立され、それ以後、昭和の児童出版界は「大図解！」だらけと相成ります。大伴昌司なければ、本書なんぞは皆様のお手元から塵芥のように消え失せましょう。

巨人・大伴昌司は一九七三年、わずか三六歳で突如この世を去ってしまいます。しかし、大伴流「図解」という手法はむしろその死後にさらに広く受け継がれ、七〇年代には無数の「大図解本」、当節で言います「怪奇系児童書」を生み出し、子らをクラクラさせ続けました。先生の「図解」は、雑誌書籍編集上の一手法に留まらず、六〇〜七〇年代の子ども文化の土台そのもの、あの頃を生きた子らの感覚を育てた野蛮で純粋なイデオロギー。それ、すなわち、好奇心なるものに対する無条件の奨励。なにがどうあれ、キミたちの頭の中は常に自由であるべきだ！……という痛快なる信念だったように思います。

ではでは、昭和元禄、子らがまだまだ自由で、その自由な好奇心をビシビシ刺激する「悪い大人」がいた時代のイカレ絵図、とくとご覧いただきます。くれぐれも最後までお気を確かに。

ドリトル先生は動物の病気をなおす名医だ。病気の動物たちが、毎日診察を受けにくるので、病院はいつも満員だ。助手のチンパンジーやオーム、あひるなども先生を助けて大かつやくだ。
かぜひき小鳥の病室。→
CHART
近眼のうまの視力を検査する助手のあひる。
ょうの目を診察
ドリトル先生。
ドリトル先生《せんせい》の動物《どうぶつ》治《ち》療《りょう》法《ほう》
うまの近眼をなおす
近眼のうまの視力を検査して、度の合っためがねをかけさせ、ふたたびものがはっきり見えるようにしてやる。
CHART
子ぞうのかぜをなおす
湯を入れた大きなたらいに、かぜをひいた子ぞうを入れ、湯をかけてからだをあたため、かぜをなおしてやる。

動物の難病奇病をなおすドリトル先生　世界一ふしぎな病院（1967年）／南村喬之

動物《どうぶつ》の難病《なんびょう》奇病《きびょう》をなおすドリトル先生《せんせい》
世界《せかい》一ふしぎな病院《びょういん》
へびの病室
病気のあざらしをなぐさめる助手のおうむ。
瘤がふたつあるラマのかっけをしらべる助手《じょしゅ》のチンパンジー。
絵・南村喬之
わにの虫歯《むしば》は、大《おお》きくてなかなかぬけない。そこで、虫歯《むしば》をぞうの尾に結び、ぞうの力《ちから》でぬいてやる。
大海《おおうみ》かたつむりのかぜ
かぜをひいた大海かたつむりの口へ、たくさんつくったかぜ薬をじょうろで流《なが》しこみ、かぜをなおしてやる。
(15)

楽しげなのかイカレてるのかわからない奇妙な世界。南村先生が描けば『ドリトル先生』もこうなる!

人《にん》げんたいほう

しつもん

人《にん》げんたいほうのしかけは、どうなっていますか。

ズドーン《ずどうん》。あっ、たいほうから、人《ひと》がとび出《だ》しました。

これは、サーカス《さあかす》の人《にん》げんたいほうです。

けがをしないように、あついふくをきた人《ひと》がたいほうの中《なか》へはいります。

そして、けむりといっしょに、人《ひと》がとび出《だ》して、ネット《ねっと》の上《うえ》に、ちゃくりくします。

人げんたいほう（1973年）／南村喬之

ズドン！と飛び出す紅顔の美青年。かつてはサーカスの呼び物として人気だった「人間大砲」

たねあかし

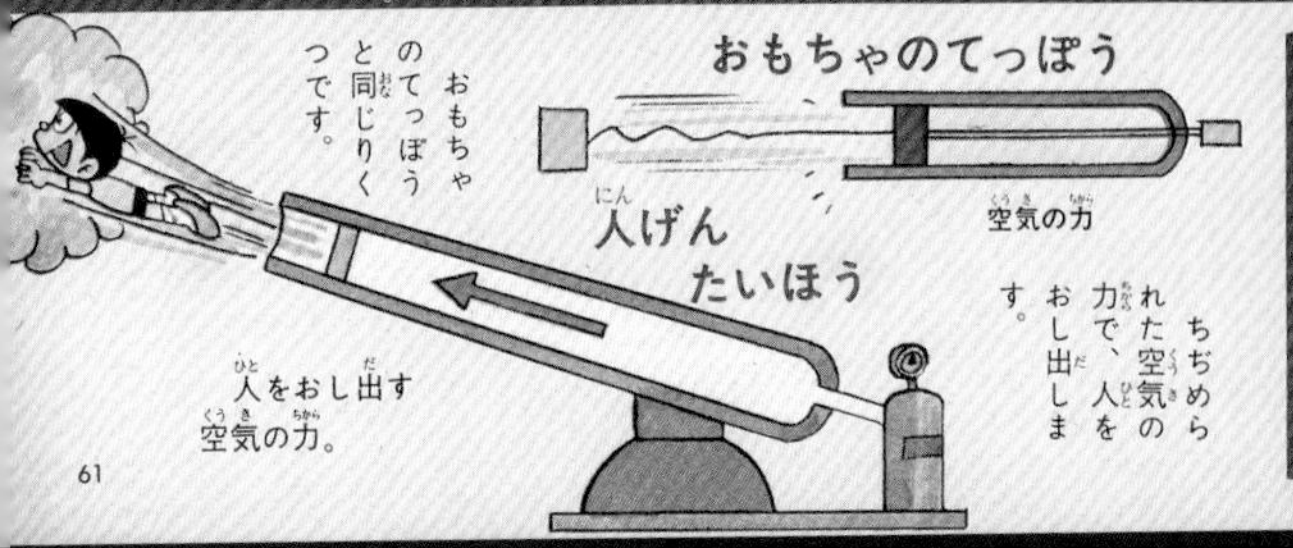

ちぢめられた空気《くうき》の力《ちから》で、人《ひと》をおし出《だ》します。

おもちゃのてっぽうと同《おな》じりくつです。

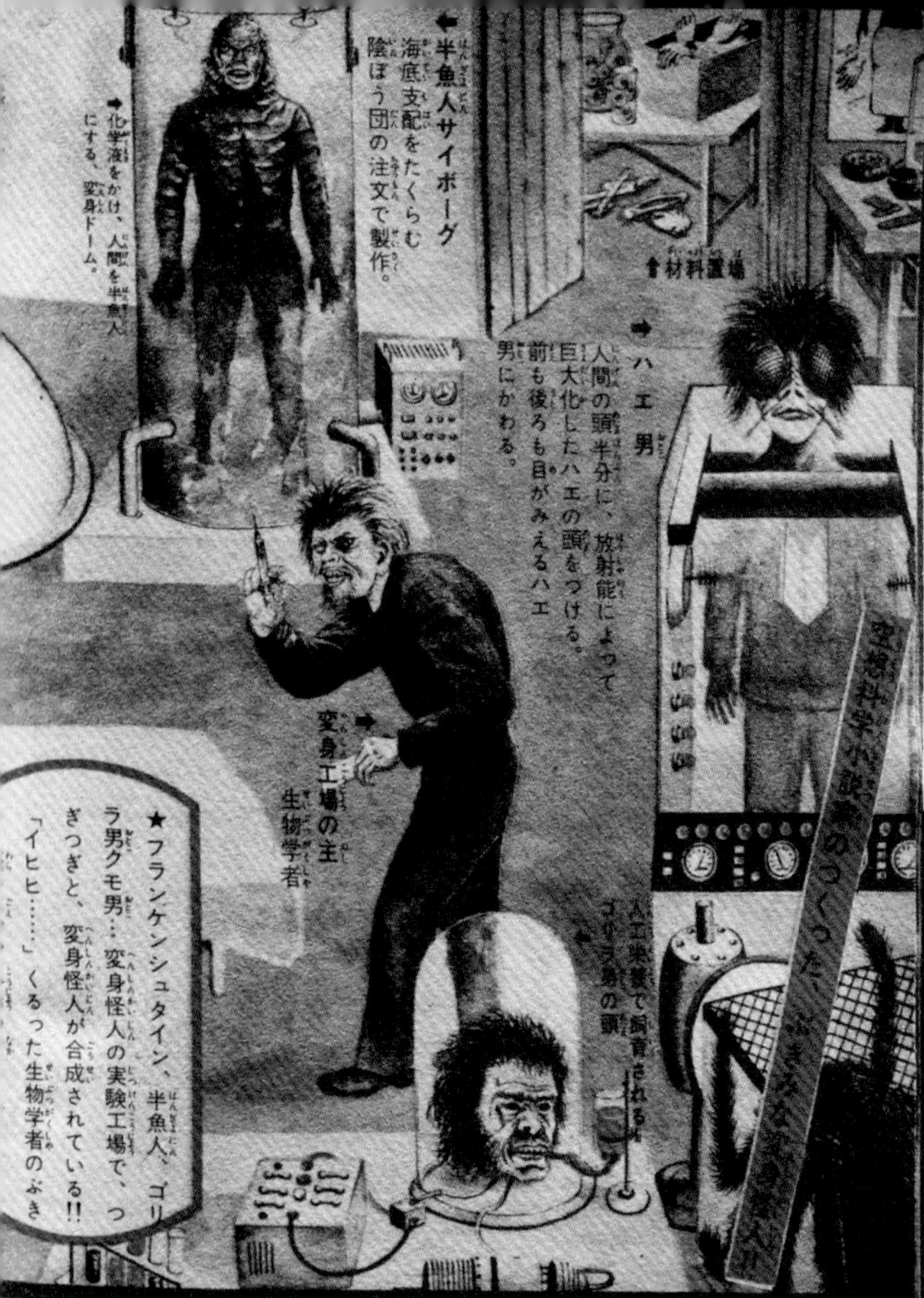
←半魚人《はんぎょじん》サイボーグ
海底支配《かいていしはい》をたくらむ
陰《いん》ほう団《だん》の注文《ちゅうもん》で製作《せいさく》。
←化学液《かがくえき》をかけ、人間《にんげん》を半魚人《はんぎょじん》にする、変身《へんしん》ドーム。
↑材料置場
→ハエ男《おとこ》
人間《にんげん》の頭《あたま》半分《はんぶん》に、放射能《ほうしゃのう》によって
巨大化《きょだいか》したハエの頭《あたま》をつける。
前《まえ》も後ろも目がみえるハエ
男《おとこ》にかわる。
→変身《へんしん》工場《こうじょう》の主《ぬし》
生物学者《せいぶつがくしゃ》
★フランケンシュタイン、半魚人《はんぎょじん》、ゴリラ男《おとこ》クモ男《おとこ》…変身怪人《へんしんかいじん》の実験工場《じっけんこうじょう》で、つぎつぎと、変身怪人《へんしんかいじん》が合成《ごうせい》されている!!
「イヒヒ……」くるった生物学者《せいぶつがくしゃ》のぶきみ
←人工栄養で飼育されるゴリラ男の頭
空想科学小説家のつくった、

怪人がぞくぞく誕生!! 変身実験工場（1967年）／坂入徳次郎

つくられた変身《へんしん》怪人《かいじん》

ゴリラ男《おとこ》

ガボ

ヘビ男《おとこ》

マッドサイエンティストのやり過ぎ大実験！　異形の怪物だらけだが博士の顔が一番恐い！

怪人がぞくぞく誕生!!

変《へ》《ん》身《し》《ん》実《じっ》験《けん》工《こう》場《じょう》

身も手もよだつ怪人が、狂人科学者の手で、つぎつぎとつくられる!!

←仕上《しあ》げちゅうのゴリラ男《おとこ》
ドライアイスをつめ、発送準備完了《はっそうじゅんびかんりょう》。
↑手術《しゅじゅつ》ちゅうのワニ男《おとこ》
ワニの脳をさき、人間《にんげん》の脳《のう》をうめこもうとする。
え・坂入徳次《さかいれとくじ》

あばれした。

原子人間

宇宙生物を研究している男が、奇怪な宇宙生物を、他人に注射したところ、からだが、だんだんサボテン状に変身。20㍍にもなった。

悪魔の地底大楽園（1969年）／会津久三

五人の新聞記者が招待されたところは、悪魔の地底パノラマだった。そこは、この世に悪魔の世界をつくろうとする怪人のかくれ家なのだ。奇怪な岩石でかこまれたどうくつ内の沼には、美しい人魚がおよぎ、そのおくに地底のにじがぶきみにかがやいていた。とつぜん、地獄を思わせるような音楽がながれると、にじのなかから血のような無数のつららがさがりはじめた。それは狂気の夢幻、天国と地獄そのままの世界だった。（昭和十一年作「大暗室」より）
ちょうのすがたで空中にはばたく美女。
かがり火⬇
⬆およぎまわる人《にん》魚《ぎょ》。
➡半《はん》獣《じゅう》半《はん》人《じん》の案内人。

キック
3枚入り…10円
沢村 忠
＊このカードはおまけです
カッコイイおまけ
メダルシール
をあつめよう！
40点でメダルシール
（どこにでもはれる金属シール）
30点で立体ソフトシール
（服や帽子にもバッチリはれるデラックスなシール）
点数券がたまったら15円切手を同封して送って下さい
（送り先）大阪市都島郵便局
私書箱第3号キック係（郵便番号534）
（〆切日）昭和45年4月末日
3
点券
（キリトリ線）

江戸川乱歩『大暗室』より。『パノラマ島奇談』などでも描かれた乱歩ならではの狂気の楽園

狂気の大かがみ地獄（1969年）／会津久三

ハンマーで、球体《きゅうたい》をたたきわった男。

せまい地下道《ちかどう》のパノラマから脱出《だっしゅつ》すると、そこは無限《むげん》の地獄《じごく》であった。へやの全体《ぜんたい》に凹面鏡《おうめんきょう》・凸面鏡《とつめんきょう》・波型鏡《なみがたきょう》など、いろいろなかがみがはりつけてあった。そのへやに立《た》つと、人間《にんげん》が巨大《きょだい》に、あるいは微小《びしょう》に、あるいは[illegible]を[illegible]なり、くちびるが上下《じょうげ》にのびたりち[illegible]などさまざまなすがたがうつり、まるで狂人《きょうじん》の幻想《げんそう》を見るようなへやだった。その中央《ちゅうおう》には、大《おお》きな球体《きゅうたい》がころがり、中《なか》から人間《にんげん》の狂気《きょうき》めいたわらい声《こえ》がぶきみにひびいてきた。手《て》にもったハンマーでたたきわると、中《なか》にうずくまっていたのは、異様《いよう》にうつろな目《め》をした狂人《きょうじん》だった。内部《ないぶ》はかがみになっており、小《ちい》さな照明《しょうめい》がついていた。男《おとこ》はここにはいって、かがみにうつった自分《じぶん》のすがたを一目《ひとめ》見たとたん、恐怖《きょうふ》のあまりくるってしまったのだ。（大正《たいしょう》十五年作《さく》「鏡地獄《かがみじごく》」から）

江戸川乱歩『鏡地獄』より。こちらをジっと見つめる発狂した男の表情にゾ～ッ……

狂《きょう》気《き》の大《おお》かがみ地《じ》獄《ごく》

内部がかがみになっている球体。この中にはいった男は、どんな幻影を見たのだろうか？⬇

➡ひと晩、球体にとじこめられて完全に発狂した男。

しつもん

もし、きょ人《じん》になれたら、どんなことができますか。

もし、あなたがとつぜんきょ人《じん》になったら、今《いま》まで大《おお》きいと思《おも》って見《み》ていたものが、とても小《ちい》さく見《み》えることでしょう。

ちょうど、高《たか》いところにのぼって下《した》を見《み》おろしたときのように、長《なが》い電車《でんしゃ》も大《おお》きなビルディング《びるでぃんぐ》も、まるでちっぽけなおもちゃのようにかんじるにちがいありません。

朝《あさ》のさんぽに日本《にほん》を一しゅうしたり、富士山《ふじさん》にこしかけて遠《とお》くをながめたり、海《うみ》をおよいでわたって、外国《がいこく》へかんたんに行《い》くこともできるでしょう。

ものすごいあらしがやってきても、ふきとばされません。あれくるうふかい海《うみ》にはいって行《い》って、たくさんの人《ひと》びとをのせたそうなん船《せん》をつぎつぎともちあげて、たすけることもできるでしょう。

船をすくうきょ人（1973年）／吉松八重樹

なんだかよくわからない不思議な巨人画。いかにも温厚そうな顔つきが逆に不安を煽る

ライオンをペットに…（1973年）／吉松八重樹

こちらはさらによくわからないシュールな巨人画。快活なサラリーマン風の容姿も不可解

せの高《たか》さが、二十《じゅう》メートル《めえとる》もあるきょ人《じん》になると、またたいへんこまることもあるでしょう。

すむ家《いえ》が大《おお》きくないと、ゆっくりよこになってねむることもできません。

食事《しょくじ》にもこまるでしょうし、本《ほん》だって虫《むし》めがねをつかわないと読《よ》めません。

うっかりそのへんを歩《ある》いたら、人《ひと》をふみつぶしてしまうかもしれません。

でも、こんなきょ人《じん》になれたら、上《うえ》の絵《え》のように大《おお》きなぞうや、きょうぼうなとらやライオン《らいおん》をつれてさんぽすることもできます。

けものの王《おう》さまライオン《らいおん》も、きょ人《じん》のうでの中《なか》では、ネコ《ねこ》のようにおとなしくなっています。

わたしたちが、もし、このようなきょ人《じん》になったら、ねこや犬《いぬ》のように、ぞうやライオン《らいおん》をかうこともできるでしょう。

もし、きょ人《じん》になったら…

ライオン《らいおん》をペット《ぺっと》に…

東京

大《おお》きすぎて、こまること

ごはん
これだけじゃ たりないよ。
うち
ぼくも うちで ねたあい。
田
まんが
こんなに小《ちい》さくちゃよめないよ。
ほんや

いのちがけのぼうけん

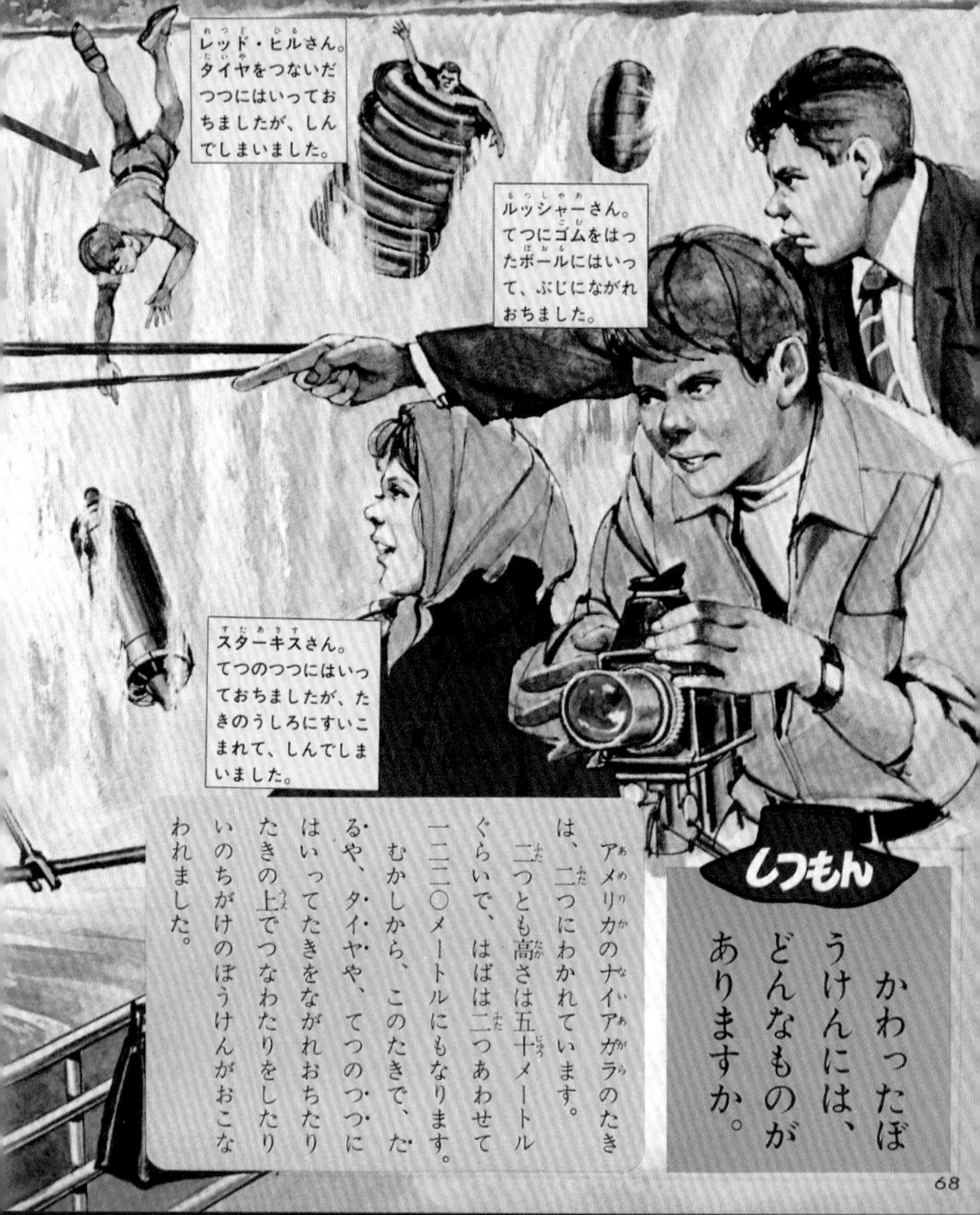
レッド《れっど》・ヒル《ひる》さん。タイヤ《たいや》をつないだつつにはいっておちましたが、しんでしまいました。
ルッシャー《るっしゃあ》さん。てつにゴム《ごむ》をはったボール《ぼおる》にはいって、ぶじにながれおちました。
スターキス《すたあきす》さん。てつのつつにはいっておちましたが、たきのうしろにすいこまれて、しんでしまいました。

アメリカ《あめりか》のナイアガラ《ないあがら》のたきは、二《ふた》つにわかれています。二《ふた》つとも高《たか》さは五十《じゅう》メートルぐらいで、はばは二《ふた》つあわせて一二二〇メートルにもなります。
むかしから、このたきで、だるや、タイヤや、てつのつつにはいってたきをながれおちたりたきの上《うえ》でつなわたりをしたりいのちがけのぼうけんがおこなわれました。

しつもん

かわったぼうけんには、どんなものがありますか。

かわったぼうけん
ブロンディン《ぶろんでぃん》さん。たきの上《うえ》を、人《ひと》をおぶってつなわたりをしました。
7さいのウッドワード《うつどわあど》ぼうやボート《ぼうと》がてんぷくしてたきをおちましたが、きせきてきにたすかりました。
ピアー《ぴああ》さん。足《あし》にそえ木《ぎ》をつけて、つなわたりをしました。
女《じょ》せいのアンナ《あんな》さん。マットレス《まつとれす》をつめたたるにはいってたきをながれおち、せいこう。
MASASHI
69

いのちがけのぼうけん（1974年）／木村正志

「冒険」というより「大自殺大会」。取材しているらしいカメラマンの目つきもヤバい！

火煙できつね落とし（1969年）／南村喬之

「この病気《びょうき》は、きつねつきだ。きつねを追《お》い出《だ》せば、医者《いしゃ》にかからなくても病気《びょうき》はなおる。」

行者《ぎょうじゃ》がくるったようにたいこを鳴《な》らし、じゅ文《もん》をとなえだした。へやのまん中《なか》の火《ひ》ばちに、まつ葉《ば》やとうがらしの粉《こな》をくべて、けむりを立《た》てる。炭火《すみび》には、かまやつるぎをさしておき、鉄《てつ》がまっかに焼《や》けると、じゅ文《もん》をとなえながら、病人《びょうにん》にそれをおしつけるのだ。

病人《びょうにん》が苦《くる》しがってあばれると、親族《しんぞく》たちがおさえつける。油《あぶら》あげだけを病人《びょうにん》に食《た》べさせ、三日《みっか》も四《よっ》日《か》もねずにつづけられるため、助《たす》かるはずの病人《びょうにん》も、つかれとうえのため死《し》んでしまうことが多《おお》かった。「きつねつき」は迷信《めいしん》にすぎないのだ。（「きつねつき」を信《しん》じている地方《ちほう》＝東北山間部《とうほくさんかんぶ》、関東《かんとう》、中部山間部《ちゅうぶさんかんぶ》、中国九州地方全般《ちゅうごくきゅうしゅうちほうぜんぱん》に根強《ねづよ》くのこっている。）

和風『エクソシスト』ともいえる鬼気迫る除霊シーン。「狐憑き」女性の表情がモザイク必須レベル!

死《し》のひょうりゅう

しつもん

ひとが、くつを食《た》べたという話《はなし》は、ほんとうですか。

今《いま》から十年《じゅうねん》ほどまえのことです。ボート《ぼおと》にのったソビエト《そびえと》の四人《にん》のへいたいが、あらしにあって、太平洋《たいへいよう》にながされてしまいました。明《あ》けてもくれても海《うみ》ばかり。食《た》べものはまったくありません。

四人《にん》は、はいていたくつをぬぐと、海《うみ》の水《みず》にひたしてやわらかくして、食《た》べました。

こうして生《い》きのびながら、五十《じゅう》日《にち》めに、アメリカ《あめりか》の船《ふね》にすくわれました。

海《うみ》のぼうけん

死のひょうりゅう（1974年）／石原豪人

絶体絶命の「死の漂流！」場面なのだが、ここで問題にされているのは「靴は食べられますか？」

かいじゅうなんかに まけないぞ

しつもん

かいじゅうをもち上《あ》げることができますか。

「かいじゅうをもち上《あ》げるなんてできない。」と思《おも》いますね。

でも、ぼうがあれば、あなたにも、かいじゅうをもち上《あ》げることができるかもしれませんよ。

左《ひだり》の絵《え》のように、ぼうを使《つか》うと重《おも》いものを小《ちい》さな力《ちから》で、らくにうごかすことができます。これはてこのりようです。

やってみよう

シーソー《しいそう》も、てこをりようしたものです。

絵《え》のように、おとうさんにいちばんまえにのってもらいます。

あなたが、いちばんうしろにのると、おとうさんがもち上《あ》がります。

かいじゅうなんかにまけないぞ（1973年）／前村教綱

単に「テコの原理」を図解するだけのために、こんな絵を描いてしまうセンスに脱帽！

しつもん

世界《せかい》のでんせつに出《で》てくるかいじゅうを、教《おし》えてください。

頭は人　どうはライオン　スフィンクス（1973年）／不明

誰でも知ってる神話上のキャラも、真っ向からリアルに写実するとなんかスゴイ感じに……

頭《あたま》は人《ひと》 どうはライオン《らいおん》
スフィンクス《すふぃんくす》

むかし、ギリシア《ぎりしあ》の町《まち》に、かいぶつがあらわれ、人《ひと》びとに、「朝《あさ》は四本足《よんほんあし》、昼《ひる》は二本足《にほんあし》、夜《よる》は三本足《さんぼんあし》で歩《ある》くものは、なんだ。」という、なぞをかけました。このなぞがとけないと、かいぶつに食《た》べられてしまうのです。

エディプス《えでぃぷす》というわか者《もの》が、「それは、人間《にんげん》だ。」と答《こた》えて、かいぶつをたいじした話《はなし》は、よく知《し》られています。

スフィンクス《すふぃんくす》は、頭《あたま》が人間《にんげん》、どう体《からだ》がライオン《らいおん》のかいぶつで、さいしょはエジプト《えじぷと》で、王《おう》さまのけん力《りょく》をあらわすものとして考《かんが》え出《だ》されました。

エジプト《えじぷと》の王《おう》さまは、いわで大《おお》きなスフィンクス《すふぃんくす》のぞうをつくって、ピラミッド《ぴらみっど》（王《おう》さまのおはか）のばんをさせました。

●おうちのかたへ● 人間の一生を１日にたとえると、赤ちゃんは朝、若者は昼、老人は夜といえます。と[illegible]赤ちゃんは手と足ではって歩くので４本足、若い人は２本足、老人はつえをつい[illegible]ので３本足です。ですから、スフィンクスの出したなぞの答えは、『人間』ということになります。

世界《せかい》一《いち》の大《おお》めしぐい

しつもん

世界《せかい》一大食《たいしょく》な人《ひと》は、どのくらい食《た》べるのですか。

これは、むずかしいしつもんですね。世界《せかい》には、いろいろな人《ひと》がいて、生《せい》かつや食《た》べものもちがうので、どれだけ食《た》べた人《ひと》が世界《せかい》一とは、はっきりいえません。プロレスラー《ぷろれすらあ》のカルホーン《かるほおん》せん手《しゅ》は、この絵《え》のように、一回《かい》に、にわとりの丸《まる》やきを二十《じゅっ》ぱ、たまご五十《じゅっ》こ、牛《ぎゅう》にゅうを三十《じゅっ》本《ぽん》、なまやさいを大《おお》きなかごに三ばいも食《た》べるそうですから、世界《せかい》一、大食《たいしょく》な人《ひと》になるかもしれませんね。

世界《せかい》一大食《たいしょく》な人《ひと》

世界一の大めしぐい（1973年）／石原豪人

怪奇要素はいっさいなし。ただデブが大飯喰らってるだけなのだが……狂気感炸裂！

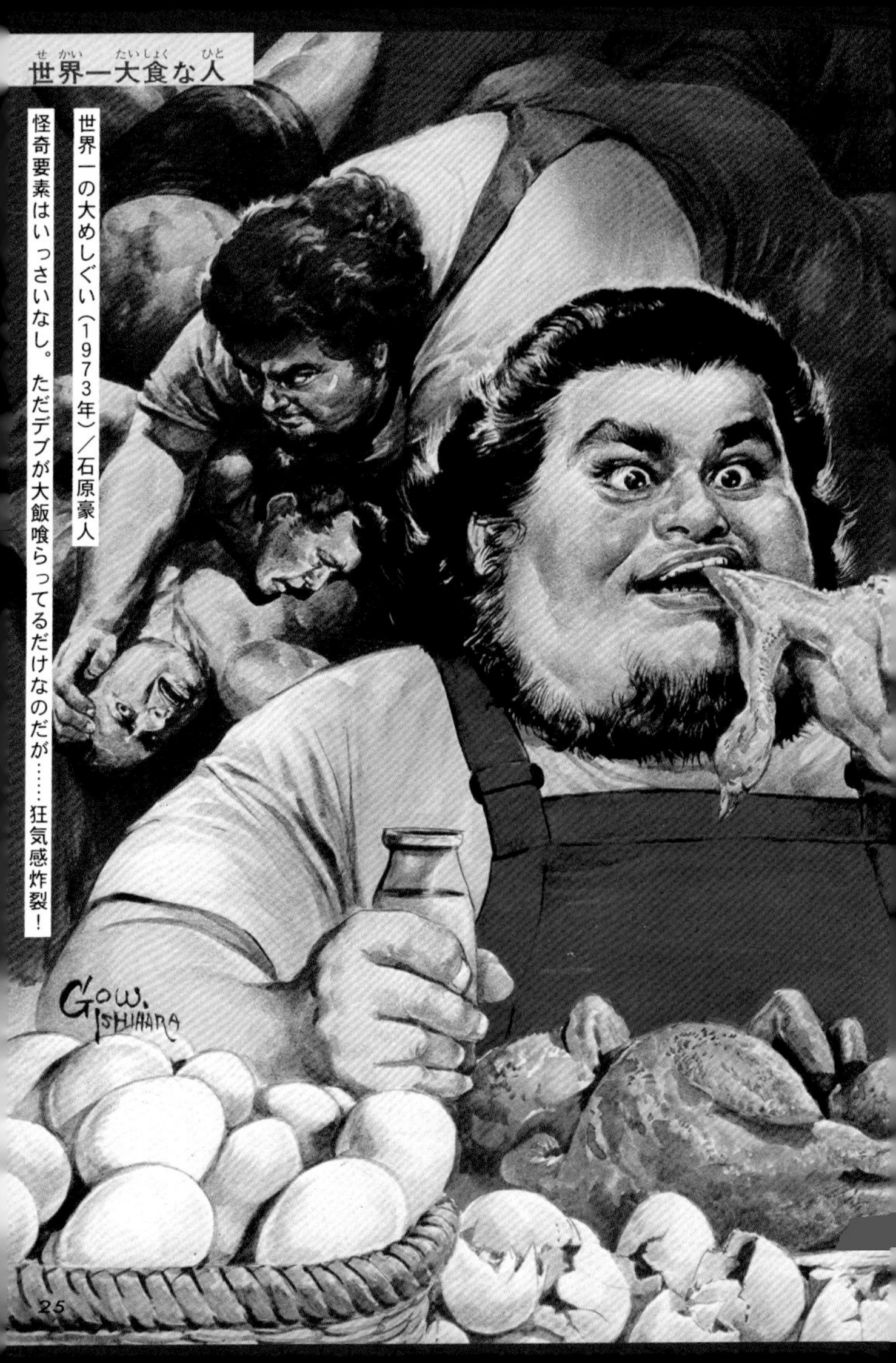

しつもん

首《くび》が話《はなし》をするまじゅつのしかけを教《おし》えてください。

「さあ、さあ、みなさん。あっとおどろく、ふしぎなまじゅつ。生《い》きた首《くび》のごあいさつのはじまり。」

わらいながら、しゃべるのは、テーブル《てえぶる》にのった首《くび》です。手《て》も足《あし》もからだもないのに、目《め》がくるくるとうごきます。

しかけはかんたんです。ぶたいのりょうわきは、黒《くろ》いまく、台《だい》の三本《ぼん》の足《あし》の間《あいだ》には、かがみがはってあります。

それで、からだを見《み》ようとしても、かがみにうつる黒《くろ》いまくしか見《み》えないのです。

かがみのまじゅつ
あっ、首《くび》がし
たねあかし
黒《くろ》いまく
かがみ
（黒《くろ》いまくがうつる。）
かがみ
（黒《くろ》いまくがうつる。）
テーブル《てえぶる》の中《なか》のからだは、見《み》えません。
5

あっ、首がしゃべる！（1973年）／石原豪人

これぞ豪人ワールド！　記事の内容的には左下の小さな挿絵だけで事足りるのだが……

後口上「ここではないどこか」へ

サァ、これでもかとばかりにズラリお見せしてきました奇々怪々の地獄絵尽くし、いかがでございましたでしょうか？　このページまで辿り着くたぁ、アンタも相当酔狂だネ、エへへ。

……失礼。サテ、まだ四ページほどあまってますんで、ちと恐縮ながらワタクシ事を少々。イエ、どうせろくな話はできませんが、煎餅でも齧りながらお聞きください。

そう、あれは忘れもいたしません、昭和四八年、つまりは西暦一九七三年、暑い夏のことでございました。……と大げさにのたまうほどのお話でもないんですけれども、当時、ワタクシ、わずか六歳。年長組の園児でございました。

裏の長屋、ならぬアパートに住んでおります車夫の息子、ならぬタクシー運転手の息子のヨッちゃんってぇ坊が、いつもン通り「遊びましょ！」ってウチにやってきて申すには……

「ほたる書房にフランケンシュタインのスッゴイ本が売ってたよ！　フランケンの生首がニヤッと笑ってて、スッゴク恐いんだよ！」

七三年といいますと、ワタクシが生まれた時分にはじまりました第一次怪獣ブームはとっくに下火、水木しげる大先生が巻き起こした「♪ゲゲゲのゲ」の妖怪ブームに引き継がれ、で、その妖怪騒ぎもちょいと一段落して、今度は第二次怪獣ブームがはじまり……ってな具合で、まぁ、男の子文化がいろいろとややこしくなっている頃でございます。

坊たちの間では妖怪人気もまだまだ健在でしたが、さすがにその頃になりますと、各出版社から続々出ていた「妖怪図鑑」もネタ切れ。ちょいと目先が変わってまいります。ニッポン古来の妖怪を離れまして、西洋の妖怪、舶来モンスターの本がポツリポツリと出てまいりました。吸血鬼ドラキュラ伯爵に狼男、半魚人、ミイラ男など、おなじみのユニバーサルやハマー社製の古典的怪奇映画の主役たち。なかでも人気だったのが、ご存じフランケンシュタイン。これ正確に言いますれば、フランケンシュタイン博士がこしらえた人造人間でございます。

ワタクシも例に漏れず、緑色の肌でツギハギだらけ、縦長の顔にワカメみたいな前髪、そして首には剥き出しの電極……っていう、あの不気味な姿にシビレたクチで、フランケンが載ってる「モンスター図鑑」はアレもコレもと買い込み、ゴムのマスクまで手に入れまして、四六時中「フランケンごっこ」をしておりました。つくづく救いようのない餓鬼だネ、こりゃ。

ですから、「フランケンの生首がニヤッと笑って」なんて聞かされれば、いてもたってもいられやしません。「こうしちゃいられねぇ！」ってんで、ウチから走って三分のほたる書房へ駆けつけまして、ヨシ坊が見たという本を手にとってパッと開くってぇと……。

そのまましばし目は釘付け。ハッと我に帰って、またまた走って家に取って返しまして、母親に向かって「図鑑を買うからお金をくれ！　マンガや遊びの本じゃないよ！　ちゃんとした理科の学習図鑑だよ！」てな嘘をつき……いや、これまんざら嘘でもないんですけど、首尾よく臨時の小遣いせしめ、まんまとその本を手に入れた次第。

それからの数日間、暇さえあれば本を開き、呆けたように飽きもせず眺め続けて、終いにゃすべてのページの絵柄と文章を暗記するほど。いくら眺めても飽きないのは「フランケンの生首」だけじゃありません。とにかく見たこともないようなケッタイな絵がアチコチのページに満載。「こんな世界があったのか！」という驚きと喜びで満たされまして、思えばそれがワタクシと「怪奇系児童書」との最初の出会いでございました。

本書『昭和ちびっこ怪奇画報』の最後に御覧頂いた「あっ　首がしゃべる！」が、その「フランケンの生首」の絵でございます。その時分にゃ知る由もありませんが、筆を執っていたのは怪奇と猟奇の絵師、石原豪人先生。そして、この絵が収められていた本ってのが、当時の子どもらを空想妄想の世界に引きずり込んだ名シリーズ、小学館「なぜなに学習図鑑」の第六巻、『びっくり理科てじな』でございました。未来画の巨匠、小松崎茂先生をはじめ、南村喬之先生、梶田達二先生の力作をたっぷり収録しておりますこの本こそ、ワタクシにとってはまさに「別世界」への扉となりました。

イエ、その扉をくぐってなかったら、今頃もっとマットウな人間になってやしなかとも思いつつ……

最後に、この珍奇なる見世物にご尽力頂きました皆々様に御礼を。まずは、子どもの頃も、そして今も変わりなく、いつでも「ここではないどこか」に連れて行ってくださる偉大な絵師の先生方に。そして、大伴昌司氏をはじめ、アッと驚く企画で好奇心を鍛えてくださった当時の編集者の皆様に。また、『昭和ちびっこ未来画報』に続き、本書に収録する作品の数々を取りまとめてくださった小松崎先生の愛弟子、根本圭助先生に。

それから、これでお付き合いは三冊目、いつもワタクシの本を予想の一〇〇倍もカッコよく飾ってくれますデザイナーの坂本陽一氏に。そして、これまた『昭和ちびっこ未来画報』に続き、ズボラなワタクシめに業を煮やしつつも、艱難辛苦を乗り越えて、不気味な絵図をセッセと集め、常に叱咤激励してくださった編集者・福岡優子さんに。ありがとうございました。

それでは、怪奇と幻想の一大地獄絵巻、これにて幕でございます。オヤオヤ、そこのお嬢さん、ご気分悪く召されたか。たかが見世物、お目汚し。悪い夢だヨ、昭和の幻。きれいサッパリ忘れちまって、見飽きた浮世へ逆戻り。ここで見たモノ、他言は無用。明日からはまた世間のしがらみ。せめて今宵はよい夢を。地獄、極楽、覗きカラクリ……

ハイ、お帰りはあちら!

作品一覧

本書に収録された作品が掲載されている出典（雑誌・書籍）と発行年月日を掲載順に記します。
なお、これらの発行年月日は各誌の奥付に基づく日付であり
実際に作品が描かれた日付とは異なります。

心霊

日本縦断　怪談の旅／不明／『少年マガジン』35号、1973年8月19日
死後の世界／桑名起代至／『少年マガジン』42号、1968年10月13日
西洋の地獄　半蛇人の誕生／木村正志／『少年マガジン』42号、1968年10月13日
西洋　地獄めぐり／南村喬之／『少年マガジン』42号、1968年10月13日
この目で見た死後の世界　死者の証言／水氣隆義／『少年マガジン』42号、1968年10月13日
日本の天国　極楽浄土／桑名起代至／『少年マガジン』42号、1968年10月13日
日本8大地獄／南村喬之／『少年マガジン』42号、1968年10月13日
なき叫ぶどくろ／柳柊二／『少年マガジン』32号、1968年8月4日
おばけ首ニコンボウ　舞い首幽霊／木村正志／『少年キング』30号、1967年、7月23日
泣き叫ぶ平家の亡霊　琵琶湖底の怨霊墓場／石原豪人／『少年マガジン』35号、1973年8月19日
びわ師をおそう　平家の亡霊／南村喬之／『少年キング』30号、1967年7月23日
人魂のすべて／南村喬之／『少年マガジン』31号、1970年7月26日
霊魂を呼びもどす！／境木康雄／『少年マガジン』11号、1970年3月8日
死者を送る人々／桑名起代至／『少年マガジン』11号、1970年3月8日
死霊と語る夜／南村喬之／『少年マガジン』51号、1969年12月14日
都心の墓地に“のっぺらぼう”／石原豪人／『少年マガジン』35号、1973年8月19日
深山に乱舞する人魂の集団／林正巳／『少年マガジン』35号、1973年8月19日
通夜の主だった乗客／南村喬之／『少年マガジン』26号、1970年6月21日
うごめく白い手／南村喬之／『少年マガジン』31号、1970年7月26日
闇におどる白歯／柳柊二／『少年マガジン』20号、1969年5月11日
幽霊船のすべて／生頼範義／『少年マガジン』36号、1969年8月31日
幽霊船／桑名起代至／『少年マガジン』36号、1969年8月31日

秘境

呪いの黄金境／柳柊二／『少年マガジン』８号、１９６９年２月１６日
おそろしいあくまの川／石原豪人／
『なぜなに学習図鑑　ぼうけんと探検』１９７４年８月１日（第五版）
光のないせかいへ／前村教綱／
『なぜなに学習図鑑　ぼうけんと探検』１９７４年８月１日（第五版）
死神のはきだめ／柳柊二／『少年マガジン』８号、１９６９年２月１６日
魔教の地下洞／柳柊二／『少年マガジン』８号、１９６９年２月１６日
白夜の死霊境／小松崎茂／『少年マガジン』１５号、１９６９年４月６日
地獄の竹林境／桑名起代至／『少年マガジン』１５号、１９６９年４月６日
極地の熱帯境／生頼範義／『少年マガジン』１５号、１９６９年４月６日
大魔洞の墓場／南村喬之／『少年マガジン』１５号、１９６９年４月６日
怪魚の大峡谷／柳柊二／『少年マガジン』８号、１９６９年２月１６日
死峡の有翼人／柳柊二／『少年マガジン』８号、１９６９年２月１６日
軟体人間の沼／柳柊二／『少年マガジン』８号、１９６９年２月１６日
死海の半魚人／柳柊二／『少年マガジン』１５号、１９６９年４月６日
幻の大魔鳥／水木しげる／『少年マガジン』４０号、１９６９年９月２８日
人間樹林／水木しげる／『少年マガジン』４０号、１９６９年９月２８日
がいこつ巨鯨／水木しげる／『少年マガジン』４０号、１９６９年９月２８日
人魚の秘島／水木しげる／『少年マガジン』４０号、１９６９年９月２８日
大秘境／柳柊二／『少年マガジン』８号、１９６９年２月１６日
世界の食人種／石原豪人／『少年キング』１９号、１９６８年５月５日
恐怖の食人現場／柳柊二／『少年キング』１９号、１９６８年５月５日
人くいじんしゅはまだいる？／木村正志／
『なぜなに学習図鑑　ぼうけんと探検』１９７４年８月１日（第五版）
地底のねずみ浄土／南村喬之／『少年マガジン』５１号、１９６９年１２月１４日
ミイラ即身仏／南村喬之／『少年マガジン』５１号、１９６９年１２月１４日
深山ねこ岳修行／南村喬之／『少年マガジン』５１号、１９６９年１２月１４日
土蔵の中の密儀／南村喬之／『少年マガジン』５１号、１９６９年１２月１４日
日本の秘習／南村喬之／『少年マガジン』５１号、１９６９年１２月１４日

異形

流星怪獣／小松崎茂／『少年マガジン』１号、１９６７年1月1日
怪獣星ベムスター／藤尾毅／『少年マガジン』１５号、１９６７年4月9日
催眠光線を放つ　巨大眼球ベム／山本耀也／『少年サンデー』８号、１９７０年2月15日
原始怪獣境の死闘／小松崎茂／『少年マガジン』９号、１９６７年2月26日
世界の王者キングコング／石原豪人／『少年マガジン』９号、１９６７年2月26日
大怪獣キングコング／南村喬之／『少年マガジン』１６号、１９６７年4月16日
たて！　いかれ！　キングコング／石原豪人／『少年マガジン』１６号、１９６７年4月16日
キングコング　南海の大血戦！　魔王だこを倒せ／南村喬之／
『少年マガジン』２４号、１９６７年6月11日
世界の変身怪人／石原豪人／『少年サンデー』５号、１９６７年1月29日
日本の変身怪人／石原豪人／『少年サンデー』１号、１９６７年1月1日
鳥人来襲／小松崎茂／『少年マガジン』１号、１９６７年1月1日
こおり人間／小松崎茂／『少年マガジン』１号、１９６７年1月1日
放射能大怪人　巨人獣／石原豪人／『少年サンデー』５号、１９６７年1月29日
あたまはハエからだは人間！！　ハエ男、出現／石原豪人／
『少年サンデー』５号、１９６７年1月29日
小人道化師の妖計／小松崎茂／『少年マガジン』２０号、１９６９年5月11日
ガイコツ大怪人／石原豪人／『少年サンデー』１号、１９６７年1月1日
日本 怪竜忍者／石原豪人／『少年サンデー』１号、１９６７年1月1日
忍者は、変身怪人だ！！／前村教綱／『少年サンデー』１号、１９６７年1月1日
暗黒の魔王ドラキュラ／南村喬之／『少年マガジン』４４号、１９６７年10月29日
吸血鬼ドラキュラ／南村喬之／『少年マガジン』４４号、１９６７年10月29日
天空の怪異　争う風神と雷獣／南村喬之／『少年マガジン』２５号、１９６８年6月16日
日本の怪異　大妖怪／南村喬之／『少年マガジン』２５号、１９６８年6月16日
日本の怪談　大妖異／南村喬之／『少年マガジン』３２号、１９６８年8月4日
古都の怪異　怪入道　都を襲う／石原豪人／『少年マガジン』２５号、１９６８年6月16日
樹木の怪異　妖樹ジャングル／南村喬之／『少年マガジン』２５号、１９６８年6月16日
深山の怪異　天狗いかり狂う／南村喬之／『少年マガジン』２５号、１９６８年6月16日
海の怪異　大出現 妖怪がに／石原豪人／『少年マガジン』２５号、１９６８年6月16日
深夜の怪異　ねずみ小人の命乞い／桑名起代至／『少年マガジン』２５号、１９６８年6月16日
猿神へのいけにえ／南村喬之／『少年マガジン』３２号、１９６８年8月4日
妖怪百鬼の大集会／桑名起代至／『少年マガジン』３２号、１９６８年8月4日
日本妖怪退治　必殺のつばき矢戦法／南村喬之／『少年キング』１７号、１９６８年4月21日

おそろしい青おに／渡辺正美／『なぜなに学習図鑑　世界の大怪獣』１９７２年6月１０日
山里の怪異　きつねの嫁入り／桑名起代至／『少年マガジン』２5号、１９６８年6月１６日
ろくろ首大乱戦／木村正志／『少年マガジン』３２号、１９６８年8月4日
'７２の怪奇／桑名起代至、柳柊二／『少年マガジン』５２号、１９７２年12月１０日
ネス湖の恐竜　アイディア空輸作戦／南村喬之／『少年マガジン』８号、１９６７年2月19日
ネッシー大正体！／小林準治／『少年マガジン』１１号、１９７６年3月14日
きょうりゅうのすむみずうみ／前村教綱／
『なぜなに学習図鑑　ぼうけんと探検』１９７４年、8月1日（第五版）
赤い目のかいぶつ／石原豪人／『なぜなに学習図鑑　世界の大怪獣』１９７２年6月１０日
南太へいようのカバ怪獣／小松崎茂／
『なぜなに学習図鑑　世界の大怪獣』１９７２年6月１０日
ヒマラヤの雪男／『なぜなに学習図鑑　世界の大怪獣』１９７２年6月１０日
りょうしをさらったかい鳥／萩原孝治／
『なぜなに学習図鑑　世界の大怪獣』１９７２年6月１０日
島のようなばけものクラーケン／『なぜなに学習図鑑　世界の大怪獣』１９７２年6月１０日
目も口もはねもないかいぶつ／『なぜなに学習図鑑　世界の大怪獣』１９７２年6月１０日
海の怪奇／石原豪人／『少年マガジン』３６号、１９７４年9月1日

残酷

草食原始人をおそう肉食原始人　草原のたたかい／南村喬之／
『少年マガジン』４９号、１９６６年12月１１日
大ぐまにいどむ　原始人のちえと勇気／南村喬之／
『少年マガジン』４９号、１９６６年12月１１日
マンモス戦士よ　やすらかにねむれ／南村喬之／
『少年マガジン』４９号、１９６６年12月１１日
死体催眠術の恐怖／南村喬之／『少年マガジン』２０号、１９６９年5月11日
天国の使者ハゲタカ／南村喬之／『少年マガジン』11号、１９７０年3月8日
死をきざむ振り子／桑名起代至／『少年マガジン』２０号、１９６９年5月11日
がいこつにかわる少女／
『なぜなに学習図鑑　びっくり理科てじな』１９７３年8月１０日（第二版）
激流にしずむ人柱／南村喬之／『少年マガジン』51号、１９６９年12月14日
残酷！　肉食法／石原豪人／『少年マガジン』１３号、１９７０年3月２２日
効力抜群！　キッカイ料理／石原豪人／『少年マガジン』１３号、１９７０年3月２２日

格安！　昆虫食／柳柊二／『少年マガジン』13号、1970年3月22日
残酷　文明人の食人事件／山本耀也／『少年キング』19号、1968年5月5日
呪いをよぶ黒ねこ／小松崎茂／『少年マガジン』20号、1969年5月11日
神出鬼没のゲリラ活動／南村喬之／『少年マガジン』34号、1970年8月16日
日本ミイラ地帯　サイクリング怪奇旅行／『少年マガジン』36号、1971年8月29日
人間まっぷたつ／『なぜなに学習図鑑　びっくり世界一』1973年4月12日（第四版）

狂気

動物の難病奇病をなおすドリトル先生　世界一ふしぎな病院／南村喬之／
『少年マガジン』51号、1967年12月17日
人げんたいほう／南村喬之／『なぜなに学習図鑑　びっくり理科てじな』／1973年8月10日
怪人がぞくぞく誕生！！　変身実験工場／坂入徳次郎／
『少年サンデー』5号、1967年1月29日
悪魔の地底大楽園／会津久三／『少年マガジン』25号、1969年6月15日
狂気の大かがみ地獄／会津久三／『少年マガジン』25号、1969年6月15日
船をすくうきょ人／吉松八重樹／
『なぜなに学習図鑑　びっくり世界一』1973年4月13日（第四版）
ライオンをペットに…／吉松八重樹／
『なぜなに学習図鑑　びっくり世界一』1973年4月13日（第四版）
いのちがけのぼうけん／木村正志／
『なぜなに学習図鑑　ぼうけんと探検』1974年8月1日（第五版）
火煙できつね落とし／南村喬之／『少年マガジン』51号、1969年12月14日
死のひょうりゅう／石原豪人／『なぜなに学習図鑑　ぼうけんと探検』1974年8月1日(第五版)
かいじゅうなんかにまけないぞ／前村教綱／
『なぜなに学習図鑑　びっくり理科てじな』1973年8月10日（第二版）
頭は人　どうはライオン　スフィンクス／
『なぜなに学習図鑑　世界の大怪獣』1973年8月10日（第二版）
世界一の大めしぐい／石原豪人／
『なぜなに学習図鑑　びっくり世界一』1973年4月12日（第四版）
あっ、首がしゃべる！／石原豪人／
『なぜなに学習図鑑　びっくり理科てじな』1973年8月10日（第二版）